피할 수 없는 전쟁

피할 수 없는 전쟁

이라크전쟁 이후 미국의 세계지배전략

히다카 요시키 지음 ǀ 이정환 옮김

풀빛

한국의 독자들에게

얼마 전 있었던 이라크에 대한 미국의 전쟁은 지금까지 발생했던 어떤 전쟁과도 비교할 수 없는 강력한 군사력을 세계에 보여주었다. 그로 인해 미국의 부시 대통령과 일방적인 승리를 비난하는 목소리가 일본과 한국뿐만 아니라 전세계에서 메아리치고 있다. 하지만 지금 우리는 미국이 그런 비난 속에서 강력한 군사력을 사용하여 무슨 일을 벌일 것인지 알아두어야 한다.

미국의 부시 정권과 그 배후에 존재하는 지도자들은 미국의 세계지배체제의 확립을 원하고 있다. 부시 정권은 우선 이라크의 값싼 석유를 손에 넣으면 달러 폭락의 위험이 사라질 것이라고 생각하고 있다. 그 다음으로는 이란과 사우디아라비아, 그리고 중동에 이어 중미 콜롬비아―세계 제2의 석유지대―를 손에 넣으려 하고 있다. 그래야만 빚투성이에 몰려 있어 구조적으로 폭락할 우려가 높은 달러를 안정시키고 미국의 세계지배를 계속 유지할 수 있다고 판단했기 때문이다.

그런 세계전략 안에서 보면 북한의 김정일 정권은 '작은 가시' 같은 존재다. 부시 정권이 북한의 핵무기를 걱정하는 것은 사실이지만, 그 진정한 이유는 미국의 전략에 방해가 되기 때문이다. 부시 정권은 중국과 러시아가 김정일에게 압력을 가하여 핵무기를 파괴하게만 한다면 얼마 지나지 않아 북한이 스스로 붕괴될 것이라고 생각하고 있다. 그러나 중국과 러시아가 정치적인 압력을 행사하지 않을 경우에는 비장의 카드를 사용할 것이다. 그 비장의 카드는 소형 핵폭탄을 이용한 영변 등의 핵 시설 폭격이다.

2002년 1월 8일 부시 대통령은 핵 정책 수정을 발표하면서 이렇게 잘라 말했다.

"미국은, 핵을 가지고 있는 적은 핵으로 선제 공격한다."

게다가 미국은 히로시마와 나가사키에 투하된 것의 10분의 1 정도 위력을 지닌 2킬로톤의 소형 핵무기 개발을 시작했다. 이 소형 핵무기는 2005년에 완성될 것이라고 예상되고 있는데 부시 정권은 앞으로 12~15개월 동안 북한과 외교상의 교섭을 계속하고 그 이후에는 소형 핵무기를 사용한 폭격을 통하여 김정일의 핵

시설을 파괴할 것이다. 그렇다면 핵무기를 잃은 김정일 정권은 붕괴되고 미국은 특별한 노력 없이 '작은 가시'를 처리할 수 있다는 계산이 나온다.

미국과 소련의 냉전이 끝나고 미국의 극동 아시아에 대한 정책은 시시각각으로 변했다. 그 변화를 예측하는 데에 이 책이 도움이 될 수 있기를 바란다.

끝으로 이 책이 한국어로 번역·출판되게 된 것을 매우 명예로운 일로 생각하며 또한 감사의 마음을 전하고 싶다.

2003년 6월
워싱턴 교외 베세스더에서
히다카 요시키

CONTENTS

제1장

이라크전쟁은 세계를
바꿀 것이다

IT에 의한 새로운 전쟁

1

이 원고를 쓰고 있는 시기는 2002년 12월 20일, 이라크에 대한 미국의 전쟁이 카운트다운에 들어갔지만 선전포고는 이루어지지 않은 시점이다. 하지만 전쟁이 시작될 것이라는 점은 의심할 여지가 없다.

부시 대통령이 이끄는 미군이 일찍이 메소포타미아 문명의 중심지인 이라크를 침공하면 십자군에 의한 이슬람 공격 이후 천년 만의 전쟁이 된다. 이 전쟁의 특징은 미국이 자랑하는 IT의 전력을 투입한다는 데있을 것이다. 미국은 21세기의 최신 기술을 사용하여 아직도 중세의 분위기가 여기저기에 남아 있는 이슬람의 중심부를 공격할 것이다.

앞에서 설명했듯 나는 미군이 중동의 중심인 이라크와 전쟁을 시작하기 전에 이 책을 쓰기 시작했다. 따라서 실제로 미군이 어떤 식으로 티그리스강, 유프라테스강을 건널 것이며 이라크의 수도 바그다드에 어떤 식으로 폭격을 가할 것인지 확실하지 않다. 어쩌면 수도 바그다드에 대한 공격이 실제로 이루어지기 전에 이라크의 독재자 사담 후세인이 모습을 감추어 미군이 바그다드를 무혈 점령하게 될지도 모른다.

하지만 분명한 점은 메소포타미아 문명의 중심지에 대해 미군이 21세기의 최첨단 기술로 무장한 강력한 군사력을 바탕으로, 힘으로 이슬람세력을 제압하려 한다는 것이다.

나는 NHK의 특파원으로 일하던 시절, 몇 번에 걸쳐 전쟁을 취재했다. 중동의 군사분쟁이나 베트남전쟁, 나아가 중남미에서 벌어진 미국의 군사행동을 현지에서 실제로 지켜볼 수 있었는데 이번 이라크에 대한 미군의 공격은 지금까지와는 비교할 수 없을 정도의 엄청난 기술력이 바탕에 깔려 있다.

이라크에 대한 이번 전쟁에서 미군은 레이저로 유도하는 백발백중의 정밀폭탄을 대량으로 사용할 것이다.

미군 간부는 내게 이렇게 말했다.

"이라크에 대한 이번 전쟁에서 사용할 폭탄의 80%는 정밀폭탄입니다. 목표물을 정하면 정확하게 명중·파괴시키지요."

한 발의 폭탄이 정한 목표물을 확실하게 공격할 수 있다면 미군은 한 가지 목표물에 한 발의 폭탄만 사용하면 된다. 쓸데없이 많은 폭탄을 사용할 필요가 없는 것이다.

지금까지 미군은 융단폭격을 기본으로 삼아 왔다. 적이 숨어 있다고 여겨지는 지역에 대해 막대한 양의 폭탄을 투하하여 폭격을 실시하는 전술인 융단폭격은 제2차 세계대전 이후 한국전쟁, 베트남전쟁, 걸프만전쟁, 그리고 바로 얼마 전의 아프가니스탄전쟁에서도 미국의 중요한 전투수단이었다.

걸프전에서는 정밀폭탄의 전신이라고 말할 수 있는 스마트폭탄이 사용되었는데 텔레비전을 통해서 이 폭탄이 투하되어 명중·폭발하는 장면을 기억하고 있는 독자도 많이 있을 것이다. 세계인들은 미군이 제공한 이 영상을 몇 차례나 되풀이하여 지켜보면서 새로운 전쟁 시대가 찾아왔다는 사실을 실감했다.

스마트폭탄은 발사한 비행기가 후방으로부터 폭탄의 방향을 조작하여 목표물에 명중시키는 것으로, 투하하면 그대로 떨어지기만 할 뿐 어느 곳에 명중되었는지 확실하게 알 수 없는 그때까지의 폭탄과 비교하면 상당히 진보한 무기였다.

스마트폭탄보다 훨씬 진보한 정밀폭탄이 등장한 것은 걸프전이 발생한 지 10년이 지난 아프가니스탄전쟁에서다. 이 폭탄은 지상에 있는 육군의 지상부대가 광선총(光線銃)을 발사하여 목표물을 지시, 그 반사광선이 상공의 비행기에 도달하여 폭탄을 유도하는 구조로 이루어져 있는데 IT에 의해서만 가능한 병기다.

이 정밀폭탄은 아프가니스탄전쟁 당시에는 제조가 시작된 시점이었기 때문에 이른바 시험기간이었다. 따라서 가격이 비싸 한 발에 6만 달러 또는 10만 달러라고 알려졌는데 그 때문에 아프가니스탄전쟁에 사용된 폭탄 중에서 정밀폭탄은 10~15%에 지나지 않았다. 그러나 그 효과는 매우 뛰어나 알 카에다의 테러리스트들을 공포에 떨게 만들었다. 전혀 예상할 수 없는 장소에서 눈 깜박 할 사이에 폭탄이 정확하게 투하되기 때문이다.

이라크에 대한 이번 전쟁에서 미군이 사용할 폭탄의 80%가 정밀폭탄이다. 기술혁신과 함께 가격도 내려가 한 발에 1만 달러가 되었다고 한다. 이 정밀폭탄과 함께 또 다른 새로운 과학기술병기의 주력을 이루는 것이 무인정찰기다. 이번 전쟁에 미군은 수십 기의 무인정찰기를 투입할 것이다.

미군은 현재 몇 종류의 무인정찰기를 가지고 있는데 공통적인 특징은 조종사 없이 수십 시간에 걸쳐 3만 미터 상공을 자유롭게 날아다니며 소리 없이 지상의 상황을 정찰하는 기능을 가지고 있다는 점이다. 소형 미사일을 한 발 내지 두 발 장착하고 있으며 지상에 존재하는 적의 시설이나 차량을 발견하면 정확하게 공격을 한다.

2002년 11월 예멘의 사막에서 알 카에다의 수뇌를 기습 공격한 것이 바로 이 무인정찰기였다. 미군은 이런 무인정찰기를 세계 각지로 날려보내 중국이나 북한 상공에서 자유로운 정찰활동을 하고 있는데 이라크 공격에서는 집중적으로 이 무인정찰기를 사용할 예정이다.

무인정찰기는 이제 미 공군의 주력을 이룬다는 평가를 받고 있다. 냉전시대에는 대군(大軍)을 상대로 하는 공격을 가정한 병기가 주력을 이루었다. 하지만 21세기로 접어들어 세계가 직면하게 된 테러리스트에 대한 전쟁에서는 비밀리에 행동하는 게릴라활동의 움직임을 탐색하여 발견하는 즉시 기습공격을 할 수 있는 능력이 필요해졌다. 무인정찰기는 대테러리스트전쟁에서 중요한 전력인 것이다.

또 하나 미군이 이번 이라크전쟁에 투입한 최신기술은 '팜'이라고 불리는 소형 컴퓨터다. 팜, 즉 손바닥 안에 들어갈 정도로 작은 이 컴퓨터가 지상부대를 비롯한 병사들 전원에게 지급되었다. 병사들은 팜을 들고 GPS에서 보내오는 정보를 받아 적을 공격함과 동시에 아군과의 협력체제를 갖춘다.

이 팜에는 이라크의 모든 지역의 지도가 입력되어 있다. 지상부대나 항공부대, 나아가 해군항공부대도 모두 같은 지도를 사용하여 이라크 군을 공격하는 것이다. 미군이 이라크전쟁을 시작하기 전, 가장 많은 시간을 들인 것이 앞에서 설명한 정밀폭탄과 팜으로 송출하기 위한 이라크의 지도다.

미 국방성의 고관은 이렇게 말했다.

"미군 지도제작부는 몇 개월에 걸쳐 수십만 장의 지도를 완성했습니다. 이 지도는 모든 군사행동에 필요한 기초정보를 집대성한 것이라고 말할 수 있습니다. 이라크에 대한 전쟁준비에 많은 시간이 들어간 이유는 이 지도를 만들어야 할 필요성이 있었기 때문입니다."

내가 살고 있는 워싱턴 교외의 베세스다(Bethesda) 지역에 미 국방성을 위해 지도를 만드는 넓은 사무실이 있다. 전에는 '국방지도제작소'라고 불렸는데 냉전 이후에는 '연방지도제작소'라는 이름으로 바뀌었다. 하지만 하는 일은 과거와 마찬가지로, 건물의 지하에 있는 필름현상소에서 위성으로부터 시시각각으로 송출되어 오는 정보를 바탕으로 지도를 제작하는 것이다.

사적인 일이지만 우리 집 잔디를 깎아주던 청년은 이 지도제작 담당자였다.

"늘 지하실에서 일을 하고 있기 때문에 아르바이트로 잔디를 깎는 것은 건강에도 많은 도움이 됩니다."

그는 그렇게 말했는데 이라크전쟁 준비가 열기를 띠게 되자 잔디를 깎는 일을 그만두었다. 나도 전쟁의 영향을 받은 사람 중의 한 명이 되어버린 것이다.

미군은 스파이위성과 통신위성을 효율적으로 사용하는 데에도 전력을 기울이고 있다. 이라크는 남북 1,200킬로미터, 동서 600킬로미터의 국가인데 그 상공을 10개 이상의 스파이위성과 통신위성이 날아다니며 쉬지 않고 이라크를 정찰하고 있다.

일찍이 미군은 걸프전 당시 이라크 상공에 KH11이라고 불리는 스파이위성을 띄웠다. 하지만 KH11은 몇 시간마다 이라크 상공에 나타날 뿐이기 때문에 이라크군이 그 시간에 맞추어 지하에 숨어버리면 미군은 정보를 얻을 수 없었다. 그러나 이번 전쟁에서는 이라크군은 미국의 스파이위성과 통신위성 앞에서 아무런 대책을 세울 수 없는 상황에 놓이게 되었다.

미군은 이제 세계 최강의 군대로 역사상 그 예를 찾아볼 수 없는 엄청난 파괴력을 가지고 있다. 그리고 이 강력한 미군이 중동의 작은 국가 이라크를 공격하려 한다. 그 공격은 단순히 강력하기만 한 것이 아니라 IT를 중심으로 하는 완전히 새로운 형태의 군사공격이다.

하지만 세계 최강이 된 미군이라고 해도 군사력만으로 세계를 움직이기는 어렵다. 과거에 강력한 로마군단을 거느렸던 로마제국도 힘의 한계 때문에 결국에는 멸망했다는 점을 많은 사람들이 지적하고 있다. 미군도 힘만으로 세계를 제압하거나 마음대로 조종하려 한다면 이는 한계가 있을 것이다.

이것은 로마를 예로 들 필요도 없이, 역사가 이미 제시해주고 있는 사실이다. 로마 이후 유럽의 대국이나 터키, 나아가 중국의 황제들도 마음 내키는 대로 세계를 움직이다가 결국에는 새로운 힘과 기술에 의해 역사에서 사라져 갔다. 미국도 마찬가지 운명을 밟을 것이라는 예측은 당연한 것인지도 모른다.

그러나 이라크에 대한 이번 전쟁을 조금만 자세히 조사해보면 미군이 IT를 구사하는, 지금까지와는 전혀 다른 힘을 바탕으로 이라크를 공격하려 한다는 것이 분명해진다. 이라크전쟁은 그야말로 '끊임없이 변화하는' 미국의 상징인 것이다.

미국은 힘을 바탕으로 세계를 제압하려 하고 있지만 그런 미국의 힘은 시대와 함께 바뀌어간다는 점을 IT전략은 명확하게 제시해준다. 이라크에 대한 미국의 전쟁은 미국이 가지고 있는 특성, 즉 항상 변화하면서 적과 싸우는 자세를 세계와 역사에 제시하는 전쟁이 될 것이다.

중동의 지도가 바뀐다

2

부시 대통령은 이라크전쟁에 의해 중동의 지도를 바꾸려 하고 있다. 부시 대통령이 이끄는 미군이 어떻게 전쟁을 전개할 것인지 이 책을 쓰고 있는 단계에서는 아직 명확하지 않지만 군사적으로 예측한다면 다음과 같은 세 가지 국면을 생각할 수 있다.

우선, 미군은 사담 후세인이 핵무기 내지 독가스나 생물학무기 등 이른바 대량살상무기에 대해 허위 보고를 하거나 국제연합사찰단의 사찰을 방해할 경우, 또는 전혀 다른 이유에 의해서라도 1월이나 2월에는 이라크의 북위 33도선 남쪽과 북위 36도선 북쪽 두 지역을 군사적으로 점령할 것이다.

지금까지 미군과 영국군은 이 두 지역을 자유롭게 폭격을 해왔다. 이라크군은 공군을 활용할 수 없기 때문에 군사적으로 보면 미군의 제압 아래에 놓여 있는 장소다.

이라크군은 핵심을 이루는 6개 사단의 공화국친위대를 중심으로 합계 40만 명의 지상부대와 3천 대 이상의 전차·장갑차를 보유하고 있는데 이 중에서 주력부대는 33도선보다 북쪽, 그리고 36도선보다 남쪽, 남북 300킬로미터, 폭 600킬로미터의 지역에 집중되어 있다. 33도선보다 남쪽, 그리고 36도선보다 북쪽에는 원래 강력한 군사력을 가지고 있지 않기 때문에 어중이떠중이로 이루어진 군대가 쿠르드족이나 이란계 이슬람 순니족을 탄압해 왔다.

미군은 그런 지역을 우선 군사적으로 점령하여 사담 후세인과 그 주력부대를 이라크 중앙의 작은 지역으로 몰아간다. 그후 강력한 군사력을 배경으로 사담 후세인이 퇴진하지 않는 한, 그리고 사담 후세인을 둘러싼 군인들이 항복하지 않는 한, 이라크 중앙부를 공격하겠다고 압력을 가한다.

이 시나리오가 어떤 형태로 실현될지는 예측하기 어렵지만 결국 2002년 여름까지는 미군은 이라크 전지역을 제압, 주력부대가 이라크를 점령하게 될 것이다. 그렇게 되면 중동 전역의 정치지도가 크게 바뀌게 된다.

중동의 지도를 보면 분명해지듯 이라크는 메소포타미아의 중심, 이슬람세력의 중앙에 위치해 있다. 이라크 동쪽에는 이란이,

남쪽에는 사우디아라비아가 서쪽에는 요르단이 있다. 북쪽으로는 터키에서부터 중앙아시아의 국가들과 연결되어 있는데 이라크에 미군이 주둔하게 된다는 것은 이슬람세력의 중심부에 미국이, 강력한 군사력을 바탕으로 주둔한다는 의미다.

지금까지 이라크의 사담 후세인은 강력한 정치력을 구사하여 사우디아라비아에 위협을 가하는 한편, 사우디아라비아 국내의 강경 혁신세력을 포섭하여 사우디아라비아의 석유를 실질적으로 움직여 왔다.

사우디아라비아에는 수많은 반정부 그룹이 존재한다. 그들은 부패한 사우디아라비아 정부에 대해 테러활동을 하는 것으로 사우디아라비아 정부를 전복시키려 하고 있는데 그런 움직임의 배후에 사담 후세인이 존재한다. 사담 후세인은 세계 최대의 산유국인 사우디아라비아 국내의 부패한 정치와 과격파의 대립을 적절히 이용해 온 것이다.

한편, 이란의 보수적인 종교가들은 이스라엘과의 끊이지 않는 전쟁을 치르는 과정에서 사우디아라비아의 자금을 이용하여 소련으로부터 무기를 수입, 팔레스티나의 테러리스트에 제공해 왔는데 사담 후세인은 이란의 이런 행동도 도와주었다. 시리아의 공군이 비밀리에 군용기를 이용하여 이란으로부터 구입한 무기와 폭탄을 아라파트의 본거지에 제공해줄 수 있었던 것은 이라크의 협력이 있었기 때문이었다.

이런 행동은, 사담 후세인이 사라지고 이라크가 미군에게 점령을 당하면 불가능해진다. 테러리스트의 움직임이 제약될 뿐 아니라 아라파트에 대한 군사원조도 불가능해진다. 그 결과 중동 전체의 정치지도가 바뀐다. 중동에 거대한 변화가 발생하는 것이다.

미국이 IT에 의한 최신기술을 구사하며 힘으로 사담 후세인을 몰아내고 이라크를 점령한 결과, 중동이 바뀌고 동시에 중동을 지지해 온 유럽의 정치적인 입장이 붕괴된다.

이번 미군의 이라크 공격에서 독일은 끝까지 반대했다. 독일뿐 아니라 프랑스를 비롯한 유럽의 다른 소국들도 끝까지 미국에 곱지 않은 눈길을 보냈다. 유럽의 국가들은 과거에는 지배를 했고 지금은 종주국으로서 영향력을 행사하고 있는 중동을 미국이 군사적으로 점령한다는 데 강한 반발을 느끼고 있다.

우선, 유럽인들의 입장에서 볼 때 중동은 자기들의 소유물이었다. 이 말은, 제1차 세계대전 이후에 유럽이 사실상 중동을 점령하여 움직여 왔다는 점을 의미한다.

원래 중동은 오스만터키의 영역으로, 19세기 초까지는 지금과 같은 민족국가적인 중동의 국가들은 존재조차 하지 않았다. 현재의 중동의 지도가 완성된 것은 제1차 대전이 끝난 1917년 이후다. 당시 터키와 독일에 승리를 거둔 프랑스와 영국의 젊은 장교들이 현재와 같은 중동 국가들의 지도를 완성했다.

중동에서 독일이나 터키와의 전쟁이나 아랍의 국가를 만들기 위해 노력한 영국의 로렌스 대령의 이야기는 유명한 역사적 에피소드다. '아라비아의 로렌스'로 불리는 로렌스 대령은 사우디아라비아의 건국에 협력했는데 영국과 프랑스가 사우디아라비아의 지도를 완성할 때까지 이슬람교도들의 성지 메카는 요르단의 소유물이었다.

이라크에 대한 부시 대통령의 전쟁은 유럽 국가들의 중동에 대한 기득권을 단번에 뒤집어버리는 것이 된다. 중동문제에 관한 부시 대통령의 참모로 알려져 있는 미국 국방정책회의의 리차드 펄 의장은 내게 이렇게 말했다.

"중동의 지도 따위는 한 차례 바람이 불면 사막의 모래언덕처럼 바뀌어버릴 것입니다."

유럽의 국가들이 만들어낸 중동의 지도는 부시 대통령이 이끄는 미군의 IT전략에 의해 사막의 모래언덕보다 간단하게 그 모습이 바뀌게 될 것이라는 말이다.

미군이 중동의 한가운데에 자리를 잡고 군사적으로 중동 전역을 감시하게 되면 당연히 세계의 석유 상황에 직접적으로 관여하게 된다. 세계의 석유 매장량 중에서 이라크, 사우디아라비아, 이란, 그리고 걸프만 주변의 작은 국가들이 차지하는 비율은 65%에 이르며 이 국가들이 세계로 수출하는 석유의 비율은 56%에 이른다.

이런 막대한 석유자원이 미국의 군사력 아래에 놓이게 된다는 점을 생각할 때, 유럽의 입장에서는 잠자코 구경만 하고 있을 수 없다. 따라서 이라크에 대한 미군의 전쟁에 철저하게 저항하겠지만 결과적으로는 힘이 없는 유럽은 미국의 단호한 군사행동 아래에서 구경만 하고 있을 수밖에 없다.

하지만 이라크의 사담 후세인을 추방하고 중동의 중심인 이라크에 그 군사력을 주둔시키려면 미국의 입장에서도 수많은 마이너스 요인을 끌어안게 된다. 아랍의 대의를 표방하는 테러리스트들이 미국에 대한 공격을 강화할 것이기 때문이다.

그 결과 미국의 항공회사를 비롯한 교통기관은 테러공격이라는 위기에 노출되고 경제적으로 막대한 손실을 입게 된다. 게다가 미국 국내에서의 테러에 대한 우려는 모든 사회생활에 큰 영향을 끼칠 것이다. 그런 테러의 위험에 대해 부시 정권은 국가안전성을 만들어 국가적인 대응을 서두르고 있지만 앞으로 몇 년 동안 미국은 테러의 위협과 싸워야 한다.

이런 미국의 상황에 대해 일본의 매스컴을 비롯한 전문가들은 미국이 받게 될 손해만을 강조하고 있지만 이라크 점령에 의해 미국이 경제적 · 정치적으로 엄청난 이익을 얻게 된다는 것도 역시 사실이다.

미국이 막대한 석유자원을 자유롭게 움직일 수 있게 될 뿐 아니라 세계 각국의 반대에도 불구하고 미국 혼자만의 힘을 바탕으로 이라크와의 전쟁을 감행한다면 세계에서의 미국의 정치적·군사적인 입장을 확립할 수 있게 된다. 미국은 군사력으로 세계의 리더라는 사실을 증명함과 동시에 앞으로 아무리 어려운 사태가 발생한다고 해도 스스로의 힘만으로 처리할 수 있다는 모습을 전세계에 알릴 수 있게 되는 것이다.

이라크에 대한 미군의 공격은 틀림없이 세계를 바꿀 것이다. 미국에 대한 테러공격 우려나 미국 국민의 불안은 세계를 바꾸기 위해 미국이 견뎌야 하는 부담이다.

미국 국내의 여론조사를 살펴보는 한, 미국 국민은 이런 불안을 견뎌내겠다는 결심을 하고 있는 것처럼 느껴진다. 백악관이 2002년 11월에 실시한 여론조사에 의하면, 미국 국민의 70% 이상은 테러의 위험이 증가한다고 해도, 또 경제적인 부담을 짊어지게 된다고 해도 사담 후세인에 대한 전쟁을 단호하게 감행해야 한다고 생각하고 있다.

미국인의 이런 생각은, 냉전 이후에 세계가 크게 바뀐 증거라고 말할 수 있을 것이다. 세계가 바뀌고 사람들의 생각이 바뀔 때, 가장 먼저 바뀌는 것이 미국이다.

미국의 새로운 전략이
일본을 덮친다

3

이라크전쟁을 피할 수 없게 된 날, 자위대의 정보기관 관계자가 수상의 관저를 방문하여 이런 보고를 했다고 한다.

"이라크군은 어중이떠중이들입니다. 미군의 공격을 당하면 간단히 전멸할 것입니다."

그렇다. 백악관과 펜타곤은 결코 이라크군이 강하다고 생각하지는 않는다. 이라크전쟁이 시작되기 전, 미국 국방정책회의의 의장인 리차드 펄 박사는 내게 이렇게 말했다.

"이라크군은 걸프전 당시보다 훨씬 더 약화되어 있습니다. 전쟁이 시작되면 곧 괴멸될 것입니다."

일본 자위대의 정보관계자가 이라크군이 나약하다는 정보를 수상 관저에 보고했다는 것 자체는 어떤 의미에서는 높은 평가를 내려야 할 것이다. 외무성의 관료들이 아무런 정보도 얻지 못하고 있을 때 자위대에서는 적어도 이라크군의 정보를 수집하고 있었기 때문이다.

그러나 이번 이라크전쟁이 일본의 입장에서 중요한 것은 그런 정보가 아니다. 이라크전쟁에 대해 자위대의 정보관계자가 주목해야 하는 것은 전혀 다른 문제다. 이라크군이 나약하다는 것은 세계의 군사관계자들 모두가 잘 알고 있는 상식이기 때문이다.

군사전문가로서 자위대의 정보관계자가 주목해야 하는 점은 우선 미군의 보급 및 병참이 지금까지와는 완전히 바뀌었다는 것이다. 일본은 미군과의 협력체제를 생각하고 일본의 군사정책을 재검토해야 하는 시점에 와 있다.

미군은 모든 폭탄의 80% 이상을 백발백중의 정밀폭탄으로 사용할 것이다. 백발백중이라는 의미는 반드시 목적을 파괴한다는 뜻이며 폭탄을 대량으로 사용할 필요가 없다는 의미다. 그 때문에 보급도 줄어든다.

지금까지 미군은 융단폭격이라는 전술을 사용했기 때문에 막대한 양의 폭탄이 필요했다. 하나의 군사목표를 공격하는 데 수백 발, 때로는 수천 발의 폭탄을 사용했다. 그리고 그렇게 많은 폭탄을 투하하려면 엄청난 수의 공격기가 필요했다. 따라서 연료도 많이 사용된다.

막대한 양의 폭탄과 공격기, 그리고 연료가 필요하다는 것은 미군이 대규모의 보급작전을 전개해야 한다는 뜻이다. 지금까지 미군은 전쟁을 할 때마다 대규모의 보급작전을 전개하여 모든 물품들을 전선으로 투입했다. 적을 파괴하는 폭탄이나 미사일을 보급하려면 충실한 후방지원체제가 필요했다.

하지만 백발백중의 폭탄이 효과적으로 사용된다면 지상전투에서 적의 전투능력은 급속도로 떨어지고, 그럴 경우 적의 지상군과 싸우는 미 육군의 수도 줄어든다. 육군의 전차부대나 공병부대, 로켓부대가 줄어든다면 육군의 기지 전체가 축소된다.

이라크에 대한 이번 전쟁은 이런 새로운 전쟁의 개념에 바탕을 두고 실시된다. 이미 설명했듯이 '모든 폭탄의 80% 이상을 백발백중의 정밀폭탄으로 사용할 것' 이라는 사실은 미군의 보급체제를 바꾸고 전쟁 방식을 바꾸는 것이다.

게다가 또 한 가지 변화는 C17수송기라는, 지금까지는 볼 수 없었던 고성능 수송기를 투입한다는 것이다. C17수송기는 지금까지의 수송기와 비교하면 그 기능이 혁명적으로 향상되어 있다. 매우 짧은 시간에 완전 무장한 일개 중대와 두 량의 전차를 최전선으로 수송할 수 있다. 모든 것이 효율적이어서 두 량의 전차와 일개 중대의 병사들을 싣고 내리는 데 30분도 걸리지 않는다.

미군이 C17을 본격적으로 사용하는 것은 이번이 처음인데 이것에 의해 미군의 수송은 과거와는 비교할 수 없을 정도로 효율적으로 이루어질 것이다.

미 공군 간부의 말이다.

"지금까지 미 공군은 대규모의 수송작전을 실시하기 위해 다른 국가나 민간항공회사의 협력을 요청해야 했습니다. 유사시에는 일본을 비롯한 세계 각국의 공군이나 민간항공의 협력이 필요했지요. 하지만 C17을 사용하게 되면 미국은 미국만의 힘으로 눈 깜박 할 사이에 후방지원체제를 갖출 수 있습니다."

미군은 정밀폭탄을 집중적으로 사용하는 것에 의해 최전선의 군사력을 효율적으로, 더구나 기능성 있게 활용하여 소규모의 군사력만으로 지금까지 수행해온 이상의 효과를 올릴 수 있게 되었다. C17이라는 새로운 수송기의 투입은 그런 미군 보급체제의 능률화를 더욱 뒷받침해줄 것이다.

미군의 이런 새로운 보급체제는 일본 자위대의 미국에 대한 협력체제에 큰 영향을 끼치게 된다. 따라서 일본 자위대의 정보관계자는 이 문제에 좀더 진지하게 다가가야 한다.

일본의 자위대는 지금까지 전력이 없는 평화로운 군대로서, 미군을 원조하는 면에서도 군사적인 행동은 절대로 하지 않겠다고 공언해 왔다. 자위대는 미군의 후방지원체제를 돕는 데 전력을 기울여, 말하자면 운반작업 담당자 같은 일을 해 왔다.

그러나 미군이 대규모 후방지원체제를 원하지 않게 되고 C17 등에 의한 능률적인 보급을 실시하게되면, 보급체제를 지원할 뿐인 미일협력은 중요성을 잃게 되었다.

미군은 이라크에 대한 이번 공격에서 일본의 협력을 거의 요구하지 않는다. 과거처럼 후방지원이나 보급체제를 갖추기 위한 협력이 필요하지 않기 때문이다.

일본의 정치가나 자위대는 지금까지와 마찬가지로 이라크에 대한 공격을 후방에서 지원하기 위해 자위대원이나 군함 파견을 생각하고 있다. 하지만 미군이 원하는 것은 전투부대이며 후방지원협력은 원하지 않는다. 이제 미군이 일본의 자위대에 바라는 협력체제는, 테러리스트를 발견하고 그 즉시 냉엄한 공격을 가하는 실전행동인 것이다.

또 한 가지, 일본정부와 자위대가 주목해야 하는 점은 미국이 주한미군이나 주일미군을 단 한 명도 중동으로 이동시키지 않았다는 것이다.

미군의 간부는 내게 이렇게 말했다.

"주한미군이나 오키나와의 해병대를 현지에서 빼내어 중동으로 보낸다면 김정일은 미군이 병력 부족 때문에 고민하고 있으며 한반도에서는 군사행동을 할 수 없을 것이라고 미국을 우습게 볼 것입니다."

결국 미국은 유럽에 주둔하고 있는 미군을 빼내어 중동으로 보내기로 했다. 그리고 중동의 미군을 지휘하기 위해 독일의 하이델베르크에서 미 제10육군의 스탭들이 쿠웨이트로 보내졌고, 본토인 캘리포니아와 텍사스에서 미 해병과 육군부대가 보내졌다.

미군의 수뇌는 훈련이 가장 잘 되어 있고 전투능력이 높은 한국에 있는 제8육군과 오키나와의 제2해병사단을 중동으로 보낼 생각이었다. 하지만 결국에는 김정일에 대한 전투능력을 약화시키지 않기 위해 새로운 전투부대를 중동으로 보내기로 결정한 것이다.

이 문제 역시 일본 정부나 자위대는 당연히 주목해야 한다. 부시 정권의 수뇌부는 현재 상황에서는, 사담 후세인과의 전쟁에 전력을 기울이고 있으며 김정일의 북한에 대한 전쟁은 그 이후라고 생각하고 있지만 실제로는 김정일에 대한 전쟁은 지금도 계속 이어지고 있다. 김정일이 공격태세를 강화하는 경우에는 언제든지 반격할 수 있는 태세를 항상 유지하고 있는 것이다.

미국은 사담 후세인을 처리할 때까지 모든 것을 정지시켜둔다고 생각하지 않는다.

국방정책회의의 리차드 펄 의장의 말이다.

"김정일을 공격하는 것은 사담 후세인을 추방한 이후다. 하지만 그렇다고 해서 사담 후세인을 처리할 때까지 김정일을 방치해

둔다는 의미는 결코 아니다."

미국은 분명히 새로운 세계전략을 전개하려 하고 있다. 그 새
로운 세계전략이란, 이라크전쟁 결과 완전히 바뀌는 세계를 어떻
게 움직이는가 하는 것이다.

미국의 이 새로운 세계전략은 이라크에 대한 부시의 전면적인
공격에 의해 그 형태가 명확히 드러날 것이다. 그렇다면 앞으로
미국의 새로운 세계전략이 어떤 것이 될지, 그것이 일본에 어떤
변화를 초래할 것이며 일본을 어떻게 바꾸게 될 것인지 자세히
알아보도록 하자.

제2장

미일안보 시대는 끝났다

부시 대통령의 연설이
세계를 바꾸었다

1

2002년 5월 29일, 허드슨강에 비치는 태양은 이미 한여름처럼 뜨거웠다. 기온도 이미 32℃ 가까이 올라 있었다. 허드슨강 강변에 있는 미 육군사관학교 웨스트포인트의 교정에서는 미군의 장래를 짊어질 미래의 장교들을 배출하는 졸업식이 거행되려 하고 있었다. 959명의 젊은이들이 새로운 제복을 입고 잇달아 식장으로 들어섰다. 육군사관학교의 군악대가 〈성조기여, 영원하라〉를 비롯한 미국의 유명한 음악을 잇달아 연주하면서 졸업식 분위기는 고조되었다.

"대통령께서 입장하십니다."

학교장이 장엄한 목소리로 말하자 군악대가 연주하는 〈대통령께 경례〉라는 경쾌한 리듬을 타고 부시 대통령이 엄숙한 걸음걸이로 모습을 나타냈다. 여느 때처럼 부드러운 미소를 띤 롤러 부인이 함께 걸음을 옮긴다.

단상 중앙에 선 부시 대통령은 연설을 시작하였다.

"미국은 20세기 후반 냉전을 치르면서 억제와 봉쇄를 기본전략으로 삼아 왔습니다. 하지만 지금 미국에 위협을 가하고 있는 새로운 적에 대해서는 새로운 전략과 사상이 필요합니다."

'억제력과 봉쇄는 과거의 일이다' 라는 부시 대통령의 말은 그야말로 갑작스런 것이었다. 미국은 냉전이 끝난 이후 처음으로 새로운 세계전략을 구사하려 한다는 뜻을 명확하게 밝힌 것이다.

부시 대통령은 젊은이들의 얼굴을 한 차례 둘러보고 말을 이었다.

"억제력과 봉쇄에 근거한 적에 대한 대량보복전략은 테러리스트에 대한 전쟁에는 효과가 없습니다. 봉쇄를 성공시키려면 테러리스트와 그를 지원하고 있는 독재자들이 테러행위를 할 수 없도록 만들어야 합니다."

젊은이들 사이에서 박수가 터져 나왔지만 부시 대통령은 잠깐 동안 말을 멈추었을 뿐, 다시 힘주어 이야기하기 시작했다.

"우리는 새로운 적을 봉쇄하는 것만으로는 만족할 수 없습니다. 힘으로 파멸시켜야 합니다. 테러리스트라는 최악의 위협이 현실적인 위험으로 다가오기 전에 미국은 단호한 행동에 나서야 합니다. 우리는 적과 대결해야 합니다. 지금 우리가 시작하려는 새로운 전쟁이야말로 세계를 안전하게 유지할 수 있는 확실한 길입니다. 미국은 즉시 행동에 나서야 합니다."

앞으로 미군을 짊어질 웨스트포인트의 졸업생을 앞에 두고 부시 대통령은 20세기 후반 미국이 전개한 공산주의진영에 대한 전략의 종언을 선언하고, 테러리스트에 대한 전략을 정식으로 발표한 것이다.

'봉쇄와 억제력'을 기반으로 삼은 대량보복전략은 1940년대 말, 트루먼 대통령이 세계에 발표한 대공산주의전략으로, 그 기본은 1947년 12월 24일에 성립된 국가안전보장법에 있다.

부시 대통령은 다음과 같이 선언했다.

"테러리스트에 대해서는 미국이 적극적으로 개입하고 선제공격을 하겠다."

그리고 50여 년에 걸쳐 계속되어 온 '봉쇄와 대량보복에 의한 억제력'이라는 전략을 완전히 바꾸겠다고 발표했다. 일본에서는 그다지 큰 반향을 불러일으키지 않았지만, 이것은 미국의 세계전략 전환을 알리는 역사적인 연설이었다.

또한 이날 연설에서 부시 대통령은 냉전시대에는 공산주의국가인 소련과 싸우기 위해 막대한 군사력과 강력한 병력이 필요했지만 이제는 테러리스트가 미사일이나 독가스를 비밀리에 독재자로부터 입수하여 미국이나 동맹국에 대해 기습공격을 가하는 시대이기 때문에 고루한 형식의 싸움으로는 안전을 확보할 수 없다고 강조했다.

부시 정권은 미국이 50여 년 동안 전력을 기울여 온 냉전시대의 군사체제를 단번에, 더구나 근본적으로 바꾸기로 했다. 그 새로운 전략이란, 미국이 최첨단 기술을 구사하여 혼자만의 힘으로도 테러리스트와 그 지원세력을 타파할 수 있다는 것이다.

지금까지 미국은 냉전 상황 속에서 소련과 중국을 고립시키기 위해 서방측 제국들과 동맹체제를 취하면서 봉쇄작전을 펴는 것을 기본전략으로 삼아 왔다. 그 때문에 미국은 NATO를 만들고 미일안보조약을 체결하고 한국이나 대만과도 군사동맹체제를 확립해 온 것이다.

게다가 미군은 강력한 핵무기를 입수하여 소련을 억제하면서 핵전쟁을 일으키지 않고도 소련을 군사적·정치적으로 제압하려 했다. 그리고 결국 소련군의 핵무기를 미국의 첨단기술로 억제한다는, 레이건 대통령의 우주전략이 성공을 거두어 소련은 군사적·정치적으로 붕괴되었다.

2002년 5월 29일 부시 대통령이 발표한 새로운 전략의 내용은 명쾌하다.

우선, 미국은 테러리스트나 그를 지원하는 독재자를 공격하는 데 있어서 과거처럼 봉쇄나 대량보복전략을 취하지 않고 상황에 따라 즉각적으로 대응한다. 무리해서까지 동맹국들과의 협동체제를 취하지 않는다.

미국은 NATO도 필요로 하지 않고 미일군사동맹도 과거처럼 소중하게 여기지 않게 되었다. 테러리스트나 그 지원자를 공격하는 데 미리 우방국들과 협력체제를 취하고 간접적인 형태로 적을 매장시킨다는, 많은 시간이 필요한 전략을 바꾼 것이다.

미국은 동맹국을 만들지 않고 자신의 힘만으로 테러리스트와 싸우려 하고 있다. 세계 각국은 이 방식을 '1인자가 된 미국의 오만'이라고 비판하고 있지만 부시 대통령은 그들이 무슨 말을 하든 밀어붙일 생각이다.

미국이 국가전략으로서 동맹체제나 봉쇄를 필요로 하지 않게 된 가장 큰 이유는 소련이 붕괴되어 지구상에 미국과 대항할 수 있는 강력한 적국이 사라졌기 때문이다. 국제사회에서 미국의 힘이 유난히 강해지면서 다른 국가들의 협력이나 동맹체제는 필요성을 잃은 것이다.

이 두 가지 거대한 이유 때문에 미국은 동맹국과 손을 잡고 국제전략을 전개해 나간다는 지금까지의 방식을 버렸다.

이 날 연설에서 부시 대통령이 밝힌 사실이 또 한 가지 있다. 미국이 지금까지 대소련전략의 핵심으로 삼았던 '대량보복'을 생각하지 않게 되었다는 것이다. 대량보복은 소련이 핵무기를 사용했을 경우에 그 이상으로 강력한 핵무기를 사용하여 엄청난 손해를 입힌다는 전략으로, 실제로 소련은 그런 미국의 보다 강력한 핵무기에 의한 반격을 두려워했다. 그 때문에 20세기 후반 50년 동안 핵전쟁을 포함하여 본격적인 전쟁은 발생하지 않았다.

하지만 부시 대통령은 핵무기에 의한 위협이라고 말할 수 있는 그런 대량보복은 테러리스트나 독재자를 상대할 때에는 별 도움이 되지 않는다고 단언했다.

"테러리스트나 독재자는 자신들의 힘으로 지켜야 할 국민도 없고 국가도 없다. 그들은 자신의 국민이 미국의 핵무기에 의해 전멸한다 해도 걱정하지 않는다."

부시 대통령은 대량 핵무기에 의한 보복은 테러리스트나 그 배후에 존재하는 독재자의 야만스런 행동을 저지하는 효과를 거둘 수 없다고 단정하고 테러리스트에 대한 새로운 전략을 제안한 것이다.

이 새로운 전략은 봉쇄를 전제로 삼은 것이 아니기 때문에 다른 국가들과의 군사동맹이 중요한 의미를 가지지 않는다. 그 결과 일본이 국제전략의 기본으로 삼아 온 미일안보조약의 역할은 바뀌어버렸다. 정치적으로도 미일안보조약이 도움이 되지 않게 된 것이다. 좀더 분명하게 말한다면 미일안보 시대는 막을 내렸다.

핵전쟁의 적이었던 소련이 사라진 지 10년 남짓, 이제 미국은 21세기의 새로운 전략을 만들어가고 있다. 그런 상황 속에서 명확하게 모습을 드러내기 시작한 것이 '미일안보의 종언(終焉)'이다.

일본의 핵무기 따위는 두렵지 않다

부시 대통령이 웨스트포인트에서 밝힌 냉전 이후의 미국의 세계전략에는 두 가지 새로운 요소도 포함되어 있다.

첫째, 미국은 세계 최고의 핵 전력과 군사력을 사용하여 지구상에 존재하는 어떤 나라에 대해서도 철저한 손해를 끼칠 수 있는데 그런 행동을 정치적으로 시작할 의도가 있다는 점이다.

부시 대통령은, 미국이 과학적으로도 다른 국가들보다 한두 걸음 이상 진보해 있으며 이 새로운 과학의 힘에 바탕을 둔 군사력에 의해 세계 어느 나라도 물리칠 수 있다고 말했다. 사실 미국은 이제 세계 최고의 군사력과 핵무기를 사용하여 동맹국의 협력을 기다릴 필요 없이 세계의 어떤 나라도 공격하고 파괴할 수 있다.

둘째, 테러리스트에 대한 전쟁은 세계 각국이 공동으로 책임을 져야 하는 문제로 적이나 아군이라는 구별이 없다. 즉, 미국이나 일본이 동맹체제를 만들어 싸워야 할 문제가 아니라는 점이다.

부시 대통령은 이렇게 말했다.

"현재 세계 각국은 공통의 가치관에 의해 연결되어 가고 있다. 과거처럼 이데올로기에 의해 분열되어 있는 것이 아니다. 미국, 일본, 그리고 태평양 국가들과 유럽은 인류의 자유라는 공통의 목적을 위해 연결되어 있다. 과거의 NATO와 마찬가지로 서로 강한 유대관계를 가지고 있다."

부시 대통령은 이제 세계 각국은 동맹이라는 형식을 취하지 않고도 공통의 목적을 위해 자연스럽게 연합해야 한다고 주장한 것이다.

"세계는 군사적으로 동맹체제를 취해야 할 필요성을 잃었다."

미국과 일본은 군사동맹체제라는 미일안보를 유지해야 할 필요가 없어졌다고 부시 대통령은 말한 것이다. 이것은 미국의 입장에서도 미일안보조약 시대가 막을 내렸다는 사실을 나타내고 있다.

미일안보조약은 미국이 일본을 지켜주기 위한 동맹체제조약이었지만 그와 동시에 일본에 안전을 보장하는 대신 강력한 군사력을 구축하기 위해 노력하지 말라는 말없는 요구도 포함되어 있었다.

'군사적 노력을 하지 않아도 된다' 는 말없는 요구를 강요하는 대신 미국은 냉전 상황 속에서 일본을 안전한 입장에 둘 수 있는 노력을 게을리하지 않았다. 일본이 강력하고 공격적인 무기를 가지는 것을 저지하려 한 미국의 뜻 때문에 일본은 경제 확대에만 전념할 수 있었고 그 결과 세계 제2의 경제대국이 되었다. 하지만 군사력을 가지지 못한 불안한 대국이었다.

2002년 5월 29일 부시 대통령이 일본을 비롯한 서방측 국가들과 동맹체제를 취할 필요가 없어졌다고 밝혔다는 것은 이제 일본이나 독일 등이 핵무기를 비롯한 강력한 공격무기를 가진다 해도 미국의 입장에서는 별 신경을 쓰지 않겠다는 의사표시다.

미국의 이런 사고방식은 대체 어디에서 나온 것일까?

여기에서 우리는 다시 부시 대통령의 말을 음미해보아야 한다.

"미국은 미국과 그 이상을 지키기 위한 힘과 기술을 충분히 가지고 있다."

부시 대통령은 미국이 새로운 적과 싸우기 위해 굳이 동맹체제를 갖추어야 할 필요가 없다고 말했을 뿐 아니라 동맹체제가 없어도 미국 혼자만의 능력으로 얼마든지 테러리스트들과 효과적인 싸움을 할 수 있다고 주장한 것이다.

부시 대통령의 이런 주장은 일반론으로 생각해보면 매우 흥미 있다. 이것은 부시 대통령이 동맹국을 필요로 하지 않으며 어떤 나라를 상대하더라도 미국 혼자만의 능력으로 충분히 대항할 수 있다는 뜻이며, 일본이 미국의 적이 된다고 해도 크게 걱정하지 않는다는 뜻이다. 부시 대통령은 일본이 미국의 적이 되어 핵무기를 만들고 새로운 공격용 무기를 입수한다고 해도 특별한 위협은 되지 않는다고 생각하고 있다.

"일본이 핵무기를 보유한다고 해도 북한이나 이라크가 보유하는 것과 다를 게 없다."

이런 사고방식이다. 미국의 능력을 생각할 때 일본의 핵무기 따위는 두려움의 대상이 아니라는 매우 자극적인 사고방식이다. 이러한 부시 대통령의 생각은 역대 미국 정권의 사고방식과 정면으로 대립된다.

1970년 이후, 즉 일본이 경제적으로 안정되고 과학기술력을 가지기 시작할 때까지 미국은 일본의 군사력에 대해 아무런 주의도 기울이지 않았다. 그러나 1976년 카터 정권이 탄생하고 베트남전쟁에서 패배하는 상황 속에서 미국인이 자신감을 잃으면서 일본에 대한 경계심이 높아졌다.

"일본이 민간기술력을 군사적으로 전용하여 신무기나 핵무기를 만들기 시작한다면 미국의 안전보장정책에 중대한 위협이 된다."

1977년 3월 이른 아침 백악관의 대통령 집무실에서 카터 대통령을 인터뷰했을 때 그 회견을 책임졌던 대통령의 측근이 한 말이다.

이때 나는 일본의 저널리스트로서는 처음으로, 더구나 미국의 매스컴보다 빨리 단독으로 카터 대통령을 회견했는데, 카터 진영은 "그런 힘을 가지고 있는 일본이 미국과 대결하는 것은 바라지 않는다"는 생각에 멀리 일본에서 달려온 텔레비전 특파원과 특별한 회견을 가졌던 듯하다.

그 이후 한동안 일본의 우수한 민간기술이 신무기나 핵무기로 전용될 경우의 위험이 미국 전문가나 매스컴 사이에서 중요한 화제가 되었다. 하지만 이제 IT의 첨단을 달리고 있는 미국은 일본의 민간기술이 미국의 안전보장정책에 타격을 입힐 것이라고는 생각하지 않는다. 부시 정권은 일본의 IT는 미국과 비교하면 훨씬 뒤떨어져 있으며 미국의 전쟁에 큰 도움이 되지 않는다고 생각하기 시작했다.

"아프가니스탄전쟁 때 부시 정권은 일본의 민간기술을 군사용으로 제공받을 생각은 전혀 하지 않았다. 이라크와의 전쟁에서는 일본의 민간기술 따위는 전혀 도움이 되지 않는다고 생각하기 시작했다."

부시 정권의 간부가 한 말인데 사실 아프가니스탄전쟁과 이라크전쟁에서 미국은 일본에 대해 아무런 기술제공도 요구하지 않았다. 이것은 1991년의 걸프전 때와는 전혀 다른 태도다. 당시 미국은 레이더 기술을 비롯한 민간기업의 최고 기술을 제공받기 위해 최대한 노력을 기울였다.

이런 변화, 즉 일본의 민간기술이 이제 미국의 군사기술의 일부가 될 수 없다는 사실은, 일본이 핵무기를 갖춘다 해도 크게 걱정할 문제가 아니라는 미군 간부의 판단과 연결된 것이다.

"일본이 핵무기를 보유한다고 해도 미사일을 어떻게 할 것인가. 또한 세계적인 통신망이나 스파이위성체제를 어떻게 할 것인가. 나아가 일본이 핵 공격을 받을 경우에는 어떻게 살아남을 것인가. 일본은 핵무기를 보유한다고 해도 안전보장이라는 측면에서는 위험만 가중될 뿐이다. 군사적인 우위라는 점에서는 나아질 게 없다."

미국의 군사전문가가 한 말인데 그는 그후 부시 정권의 안전보장담당 스탭의 한 사람으로서 백악관으로 들어갔다.

미국은 일본의 핵무기나 공격용 무기를 전혀 두려워하지 않고 있다. 미일안보조약 아래에서 일본의 안전을 지켜줘야 할 필요성이 사라진 것이다. 미일안보 시대의 종언은 일본이 핵 폭탄을 보유한다고 해도 미국의 안전보장 문제에는 아무런 위험이 없다는 사실을 의미한다.

미일안보조약 시대의 종언은 냉전체제가 완전히 끝났다는 사실을 의미한다. 21세기에는 미국과 일본의 군사동맹체제가 필요하지 않다. 미일안보 시대의 종언은 국제사회의 변혁만을 의미하지 않는다. 일본의 근본적인 입장 변화, 미국과 일본의 유대관계에서의 거대한 변혁도 의미한다.

원래 미일안보조약은 냉전시대, 일본이 미국의 세력 아래에서 벗어나 공산진영의 손으로 넘어가는 것을 막기 위함과 동시에 경제적으로도 약체였던 1950년대의 일본이 국방력 강화 때문에 고통을 받게 해서는 안 된다는 미국 정부의 사고방식에 근거하여 만들어졌다.

1951년 9월 8일 샌프란시스코 평화조약으로 일본은 일단 독립했는데 이 조약 제 6조에 근거하여 체결된 군사조약이 미일안보조약이었다. 그 주요 목적은, 일본이 독립한 이후에도 미군의 주둔이나 내란진압 권한을 인정한다는 것으로 조약이 성립되었을 당시에는 일본을 도와줌과 동시에 군사적으로 일본을 감시·점령하는 것이었다.

일본이 독립했을 당시 맥아더 사령부의 수뇌들은 일본인이 미국이 만든 헌법을 일방적으로 파기하고 완전한 독립을 지향하여 움직이는 것이 아닌가 하여 두려워하고 있었던 듯하다. 이것은 내가 1950년대의 미일관계에 대해 텔레비전 프로그램을 만들었을 때, 맥아더 사령부의 관계자들로부터 직접 들은 내용이다. 미군은 일본을 점령상태에 놓아두기 위해 미일안보조약을 만든 것이라고도 말할 수 있다.

그리고 지금 부시 대통령은 일반론으로서 제3국과 군사동맹을 맺을 필요가 없다고 말하기 시작했다. 일본의 군사력이 미국에게 위협이 되지 않는다고 판단하기에 이르면서 이른바 일본을 감시하기 위한 구조로서의 미일안보조약은 그 필요성을 잃은 것이다.

미국은 일본의 핵무기조차 위협으로 생각하지 않게 되었고 그 결과, 마침내 미일안보조약의 시대가 막을 내리려 하고 있다. 미국은 미일안보조약이 막을 내리더라도 상관없다고 생각하기 시작한 것이다 .

일본의 엔과 금융기관이 패배했다

3

미국은 이제 일본이 군사적으로뿐만 아니라 금융면에서도 미국의 위협이 되지 않을 것이라고 생각하기 시작했다. 지금 일본에서는 부시 정권이 정치력을 행사하여 일본의 금융기관을 습격, 일본의 은행들을 괴멸시키려 한다고 생각하고 있다. 현실적인 문제로서 생각해보면 미국이 불량채권 처리를 요구하고 그 불량채권의 중심에 있는 일본의 은행 및 금융기관을 괴멸시기려 한다고 생각해도 이상할 것이 없다.

일본의 입장에서 보면 미국의 이런 움직임은, 1980년대 일본이 버블경제라는 상황 속에서 막대한 양의 달러를 손에 들고 미국의 중요한 기업이나 자산을 닥치는 대로 사들이려 한 점에 대한 보복으로 비쳐진다.

"미국은 록펠러센터를 비롯하여 엠파이어스테이트빌딩이나 페블비치의 골프장을 매수하려 한 일본의 자본가들을 지금도 용서하려 하지 않는다."

허드슨연구소에 근무하는 내 친구의 말인데 미국의 지도자들은 버블시대에 보여준 일본 자금의 오만했던 움직임을 용서할 생각이 없다는 뜻이다. 더구나 미국의 지도자들이 사물을 보는 사고방식은 일본인의 그것과는 조금 다르다.

미국 금융계의 중심이 되어 있는 전미은행협회의 간부였던 인물은 미국 정부에 다음과 같이 보고한 적이 있다.

"미국 정부는 일본의 재정투융자, 그리고 우편저금제도, 나아가 끝없는 공공투자를 막아야 한다.

일본의 재정투융자와 우편저금제도는 제2차 대전 이후 일본 경제의 위기를 구한 매우 우수한 조치였다. 재정투융자의 아이디어는 로마제국 이후 가장 우수한 국가재정정책이었다.

그러나 재정투융자나 우편저금을 그 자체를 위해 돌린다는 방식은 제2차 대전 직후 일본 경제가 붕괴에 빠져 있는 상황 속에서만 허락할 수 있었던 이상한 특별조치다. 이런 이상한 특별조치는 냉전이 끝나고 정상적인 자본주의체제가 갖추어진 지금, 빨리 없애버려야 한다. 일본이 정상적인 자본주의활동에 해당하는 새로운 정책을 생각해낼 수 있도록 지도해야 한다."

은행협회 간부 출신인 이 인물의 제안은, 일본이 현재의 경제적인 발전을 이룩한 배경에는 경제위기 상황에서 재정투융자 등의 이상한 정책을 인정한 미국의 자세가 존재하며 일본 경제의 확대는 그런 미국의 자세에 의해서만 가능했다는 것이다.

이 간부는 다음과 같은 말도 했다.

"미국은 이제 일본의 재정투융자나 우편저금제도를 그만두게 해야 한다. 그런 특수한 제도가 폐지되어 일본 경제가 혼란을 겪는다 해도 미국의 입장에서는 신경을 쓸 문제가 아니다. 냉전이 끝나고 세계가 새롭게 바뀌었으니까 일본도 새로운 정상적인 재정정책을 취해야 한다."

미국의 지도자들은 이제 일본 경제가 붕괴된다고 해도 신경 쓸 필요가 없다는 사고방식을 가지기 시작했다. 일본 경제에 특수한 원조를 해야 할 필요가 없다고 생각하고 있는 것이다.

미국 금융전문가의 말을 소개해보자.

"일본의 재정투융자는 지나치게 편향된 정치적인 융자로 이제 위기에 빠져 있다."

이 전문가에 의하면 현재의 재정투융자 총액은 430조 엔이며, 그 중에서 189조 엔이 정부관련기업에 대출되어 있다. 한편, 일본 민간은행의 대출은 총 550조 엔이다. 일본 민간은행의 대출도, 그리고 재정투융자의 대출도 신용도로 말한다면 마찬가지이지만 재정투융자의 문제점은 현재의 일본 정부로서는 적자가 된 부분을 세 수입으로 보완할 수 없다는 것이다.

이미 일본의 재정투융자, 그리고 민간은행은 재정적인 위기에 빠졌고 지금과 같은 방만한 재정을 계속한다면 붕괴하는 길밖에 없어 보인다. 미국의 지도자들은 일본의 재정제도가 이미 위기에 빠져 있으며 이대로 가면 회복이 불가능해질 것이라고 생각하고 있다. 더구나 그런 결과가 발생하더라도 자기들과는 아무런 상관이 없다고 생각하고 있다. 일본의 자금이 없더라도 미국에서 통상적인 무역적자가 만들어내는 국가적자를 어떻게든 메울 수 있다고 생각하기 시작했기 때문이다.

미국의 통상적인 무역적자는 지금까지 연간 3천억 달러, 2002년으로 접어들어서는 5천억 달러로 증가하는 것이 아닌가 우려되고 있다. 더구나 그 무역적자는 증가만 보여주는 것이 아니다. 재정상의 마이너스라는 점에서 보면 일본의 재정적자에 버금가는 수준이다.

그런 막대한 재정적자를 끌어안고 있는 미국은 기본적으로 외국으로부터의 차입에 의해 적자를 메우고 있지만 누적 총액은 현재 4조 6천억 달러에 이르고 있다. 미국의 국내총생산이 10조 달러, 누적 총액이 4조 6천억 달러라는 것은 일본의 재정투융자나 민간은행의 불량채권 총액이 GDP에서 차지하는 비율보다 작다. 더구나 미국은 지금부터 20년 전, GDP는 현재의 절반인 5조 달러였던 것에 대해 누적 총액은 4조 달러를 넘었다. GDP의 총액이라는 점에서는 이제 전체 액수가 두 배로 늘어났고 거기에 대한 적자가 거의 비슷하다는 점에서 비율은 절반으로 내려갔다.

미국의 그런 통상적인 무역적자 총액 중에서 외국인이 가지고 있는 채권은 23%라고 알려져 있다. 1조 달러 남짓이 외국인 소유의 채권이라는 의미인데 1990년에는 그 대부분을 일본의 투자가들이 가지고 있었다. 하지만 2001년에는 일본 투자가들의 채권은 그보다 절반 수준인 5천억 달러로 감소했고 네 가지의 중국 경제, 즉 중국 본토, 대만, 홍콩, 싱가포르가 일본과 거의 비슷한 금액의 채권을 보유하기에 이르렀다.

미국에 대한 일본의 채권은 절대 금액으로 보아도, 또는 전체에서 차지하는 비율이라는 점에서 보아도 크게 내려가 있으며 그 때문에 이제는 일본의 자금에 휘둘리게 되지 않았다고 생각하기 시작했다. 나아가 더욱 주목해야 할 점은 미국이, 일본에 의한 '달러 매입 정책'이 계속 유지될 수 없는 상황에 이르렀다고 생각하고 있다는 것이다. 미국의 통상적인 무역적자 때문에 달러가격은 구조적으로 하락하고 있지만 그런 달러약세를 막기 위해 일본 정부 역시 구조적으로 달러를 매입하는, 즉 달러의 가치를 높이는 금융정책을 취해 왔다. 하지만 이제 일본의 금융위기와 함께 엔화의 힘이 약해지면서 달러를 계속 매입할 수 있는 능력을 잃게 되었다.

이런 상황을 파악한 미국 정부는 일본의 엔과 금융기관을 두려워할 필요는 없다는 결론에 도달함과 동시에 매우 독단적인 행동에 나섰다. 미국 정부는 일본의 엔과 금융기관을 정치적으로 자유롭게 이용하려 하고 있다. 그 때문에 미국 정부는 재정투융자나 우편저금을 비롯하여 일본의 엔을 움직이기 위한 구조나 자금에 손을 대기 시작했고 다른 한편에서는 일본의 재정투융자나 우편저금을 궤멸시키기 위해 움직이기 시작했다.

이제 미국의 입장에서 볼 때 일본의 엔이나 금융기관은 두려운 존재가 아니다. 미국이 정치적으로 자유롭게 움직일 수 있게 된 것이다. 그런 미국의 움직임의 중심에 놓여 있는 것이 일본 은행들의 국유화다. 미국 정부의 관계자는 일본의 은행들은 불량채권을 처리할 능력이 없다고 추정하고 있으며, 불량채권 처리를 강력하게 요구한다면 일본의 은행들이 간단히 국유화되어버릴 것이라고 생각하고 있다.

미국 정부의 관계자는, 불량채권을 완벽하게 처리하려면 막대한 인원을 보유한 법 집행기관이 필요하다고 생각하고 있다. 미국은 군대까지 도입했다고 하는데 금융을 재생시키려면 천 명 이상의 전문집단이 필요하다. 하지만 일본의 경우에는 천 명이라는 막대한 전문가집단을 도입할 수 없다. 불량채권을 철저하게 관리할 수 없기 때문에 은행 전체가 의심스런 행동을 하고 있는 것처럼 보인다. 결국 일본의 은행은 불량채권을 정확하게 처리하지 못한 상태에서 국유화로의 길을 밟을 수밖에 없는 듯한데 부시 정권의 수뇌는 일본의 은행이 불량채권을 정확하게 처리하고 합법적인 대응책을 취하지 않는 한, 그런 결과를 낳는다 해도 어쩔 수 없는 일이라고 생각하고 있다.

미국은 일본의 통화, 일본의 엔과 금융기관, 은행들이 재생이 불가능할 정도의 혼란에 빠져 있지만 그런 혼란이나 결함이 미국의 금융체제에 결정적인 악영향을 끼칠 우려는 없다고 생각하고 있는 것이다. 부시 정권은 일본의 엔이나 금융기관이 없어도 미국의 금융기관은 완벽하게 행동할 수 있다고 생각하며 일본 정부가 없다는 사태를 가정하더라도 미국에는 큰 피해가 없다고 생각하고 있다. 따라서 미일안보조약을 무시하고 일본의 입장을 전혀 고려하지 않더라도 미국은 정치적·경제적으로 얼마는지 살 헤쳐나갈 수 있다는 결론을 내린 것이다.

미국의 막대한 힘 앞에는 동맹체제가 필요가 없다는 부시 정권의 새로운 세계전략 아래에서, 일본은 재정정책면에서도 사실상 미국으로부터 무시를 당하는 입장에 놓였다.

미일안보조약 시대의 종언은 안전보장에서뿐만 아니라 모든 면에서 일본의 힘이나 입장이 매우 약화되었다는 사실을 보여주고 있다.

제3장

"다음에는 네 차례다, 김정일"

언제 평양을 폭격할 것인가

1

2002년 10월 11일 워싱턴 교외의 한적한 주택지, 체비체이스에 있는 리차드 펄 박사의 자택에서 텔레비전 프로그램을 위한 인터뷰를 했다. 리차드 펄 박사는 부시 정권의 대이라크전략이나 중국전략을 만들고 있는 미국 국방정책회의의 의장으로, 내가 현재 재직하고 있는 허드슨연구소의 새로운 이사장이기도 하다.

이날 나는 10월 하순에 방송될 예정인 〈히다카 요시키의 워싱턴 리포트〉 취재를 위해 펄 박사를 인터뷰한 것이다. 덧붙여 이 프로그램은 지금까지 방송된 내용 중에서 시청률이 가장 높은 프로그램 중의 하나가 되었다.

자택에서의 인터뷰는 매우 드문 일이기 때문에 펄 박사의 집에 대해 약간 언급해두고 싶다. 주위를 베란다가 감싸고 있는 갈색의 저택은 근처의 집들과는 달리 벽돌이 아닌 목재가 주를 이루고 있다. 워싱턴 교외에서는 가장 고풍스런 주택가인 체비체이스에서도 손꼽힐 정도로 오래된 저택으로 백 년은 지났을 것이다.

문을 열고 들어서면 바로 복도가 있고 고풍스런 장식장이 놓여 있으며, 인터뷰를 한 거실에는 낡은 사진과 진기한 외국의 장식품이 자연스럽게 장식되어 있다. 거실의 사이드테이블 위에는 황금색으로 빛나는 커다란 터키의 커피메이커가 놓여 있다. 중동의 분위기가 물씬 풍기는 커피메이커는 인터뷰의 배경으로 잘 어울렸다.

그런데 낡은 집에서 흔히 발생할 수 있는 문제가 하나 발생했다. 두 개의 카메라에 사용한 전기의 용량이 너무 커서 퓨즈가 끊어져버린 것이다. 하지만 이 문제도 베테랑 카메라맨이 달려들어 그럭저럭 해결했고 인터뷰가 시작되었다.

카메라에 문제가 발생한 동안, 인상 한 번 찡그리지 않고 기다려준 펄 박사는, '국방정책회의 의장' 이라는 엄격한 지위에 어울리지 않는 부드러운 표정과 편안한 말투로 질문에 대답해주었다. 이라크전쟁이 마무리단계에 들어가 있다고는 상상하기 어려운 밝은 표정이었다.

나는 이라크전쟁이나 중동의 장래를 중심으로 질문을 던진 이후에 미국 정부의 북한정책에 대해 물어보았다. 마침 그 전날, 미국의 켈리 국무차관보가 북한의 핵무기 개발에 대해 미국 정부의 수뇌부에 보고했고 부시 정권의 수뇌부는 김정일이 약속위반을 스스로 인정했다는 사실을 알고 분노에 싸여 있었다.

"부시 정권은 북한을 어떻게 할 것입니까? 사담 후세인에 대한 공격 이후 즉시 김정일을 공격할 것입니까?"

내 질문에 펄 박사는 아무런 주저 없이 즉시 대답했다.

"지금 우리는 북한에 대해 어떤 정책을 취할 것인지 생각하고 있지 않습니다. 하지만 김정일은 충분히 각오해야 할 것입니다. 우리가 지금 아무런 준비도 하고 있지 않다고 해서 함부로 행동해서는 안 되지요. 이렇게 말해주고 싶군요. '다음에는 네 차례다, 김정일.'"

펄 박사가 너무나 간단히 '다음에는 네 차례다, 김정일'이라는 표현하는 데 깜짝 놀랐지만 부시 정권의 수뇌부는 사담 후세인보다 김정일 쪽이 더 위험한 인물이며 미국의 입장에서는 반드시 처리해야 할 상대라고 생각하고 있다.

"그렇다면 왜 김정일이 아닌 사담 후세인을 먼저 공격하기로 결정했습니까?"

내가 다시 질문을 던지자 부시 정권의 최고 고문으로 불리고 있는 칼 로브 정치고문이 대신 대답했다.

"사담 후세인은 분명히 9·11테러 사건과 관련이 있습니다. 분명한 증거는 없지만 논리적으로 생각한다면 9·11테러 사건의 배후에 사담 후세인이 있다는 점은 명백합니다."

사담 후세인은 현재 중동에서 반미활동의 선두에 서 있다. '아랍의 대의(大義)'라고 불리는 이념을 배경으로 중동 전체가 미국에 대해 반발하게 만들며 테러리스트를 지원하고 있다. 그 때문에 부시 정권은 어떻게 해서든 사담 후세인을 공격해야 할 입장에 몰리게 되었다. 하지만 미국 CIA나 국방성, 그리고 국무성의 정보를 종합하면 핵무기 개발이라는 점에서는 북한 쪽이 훨씬 더 앞서 있으며 훨씬 더 위험하다.

리차드 펄 박사는 바로 이 점을 지적한 것인데 럼즈펠드 국방장관도 역시 같은 사고방식을 가지고 있다. 럼즈펠드 국방장관은 부시 정권에 참가하기 전, 시카고에서 변호사로 일하고 있었는데 자비를 투자하여 북한의 미사일 개발 상황을 조사한 후 미국 의회를 움직여 특별보고서를 작성하도록 만든 장본인이다.

1997년 이 특별보고서가 완성되었을 때 나는 시카고의 법률사무소를 방문하여 〈히다카 요시키의 워싱턴 리포트〉를 위해 긴 시간 동안 럼즈펠드를 인터뷰한 적이 있는데 그는 이렇게 말했다.

"지금 세계에서 가장 위험한 인물은 김정일입니다. 미사일 개발을 계속하고 있을 뿐 아니라 테러리스트 국가의 공장으로서 그들에게 미사일을 공급하고 있지요."

게다가 핵무기 개발 사실까지 명백해졌으니까 미국의 입장에서는 하루라도 빨리 손을 써야만 한다는 것이었다. 이것은 리차드 펄 박사의 앞서 발언과 연결되어 있다.

미국은 현재 이라크전쟁에 전력을 기울이고 있으며 북한을 공격할 계획은 없다. 하지만 이미 언급했듯이 주한미군이나 주일미군을 이라크전쟁을 위해 동원하지 않는 식으로 북한에 대한 대비는 엄중하게 유지하고 있다. 미국 쪽에서의 분명한 정보는 없지만 미 해군과 공군은 북한의 수도인 평양을 비롯한 핵무기 개발시설 등을 폭격할 능력을 충분히 갖추고 있으며 준비도 되어 있다. 이라크전쟁을 벌이면서 동시에 북한을 공격할 수 있는 태세를 유지하고 있는 것이다.

미군의 정보를 종합하면 동해에서 동차이나해에 걸쳐 행동하고 있는 미 해군의 이지스함은 항상 충분한 크루즈미사일을 보유하고 북한의 수도인 평양을 조준하고 있다. 일본의 이와쿠니(岩國)와 미사와(三澤)에 있는 미 공군의 F16도 항상 공중급유 태세를 유지하고 있어서 500파운드의 폭탄을 언제든지 북한의 어느 지역에라도 투하할 수 있다.

부시 정권은 북한의 KEDO(한반도 에너지 개발기구) 협정위반에 대해 새삼 대화에 나설 용의는 전혀 없다. 북한이 이대로 협정위반을 계속한다면 아무런 교섭도 없이, 아무런 경고도 없이 폭격을 실행할 생각이다.

미 국방성에 근무하고 있는 내 친구의 말이다.

"북한은 지금까지 미국이나 일본과 대화를 통해서 협정을 체결했고 원조를 받았다. 그리고 그것이 부족할 경우에는 마음대로 협정을 파기했다. 그리고 다시 대화를 하여 보다 많은 원조를 받으려 했다."

더구나 지금까지 이런 방식은 성공을 거두었다. 북한은 클린턴 정권으로부터 얻고 싶은 것을 마음껏 손에 넣은 뒤에 약속을 어기고 큰소리로 위협했다. 그래서 깜짝 놀란 클린턴 정권 수뇌의 도움을 요청 받은 것으로 보이는 카터 전 대통령이 북한을 방문한 적도 있었다. 하지만 부시 정권은 클린턴 정권과는 전혀 다르다. 북한의 약속위반에 놀라는 모습은 보이지 않는다. 놀라기는 커녕 약속위반에 대해 단호한 벌을 내리려 하고 있다.

부시 정권의 이런 방식을 일본에서는 위화감을 가지고 받아들이는 듯하지만 국제사회의 원칙에서 보면 약속을 지키지 않을 경우에는 전쟁이나 군사적인 공격이 발생하는 것이 당연하다. 하물며 문제는 대량파괴무기인 핵 개발이다.

부시 정권은 국제사회의 이런 원칙에 근거하여 약속을 깬 김정일을 공격하려 하고 있다. 김정일은 약속위반에 대해 독단적인 이유를 붙여 자신을 변호하려 할 것이다. 그 하나는, 미국이나 일본이 KEDO에 근거한 원유 원조를 중단한 것은 미국의 책임이라는 점이다. 하지만 부시 정권은 그런 김정일 정권의 독단적이고 일방적인 주장에는 전혀 귀를 기울이려 하지 않는다. 일본에서는 김정일 정권의 이런 행동을 받아들이기 쉽다. 그 이유는, 북한이 일본을 공격할 수 있는 미사일이나 독가스를 보유하고 있기 때문이다. 김정일의 주장을 받아들이지 않으면 공격을 당할 우려가 있는 것이다.

하지만 미국은 북한을 공격할 능력을 충분히 갖추고 있다. 전쟁이 벌어진다고 해도 북한을 철저하게 괴멸시킬 수 있다. 물론 부시 정권의 이런 자신감은 자기본위이며 북한의 반격이 한국이나 일본에 미치게 될 영향에 대해서는 전혀 고려하지 않고 있다는 생각이 든다.

이것이 일본이나 한국 내에서의 부시 정권에 대한 반감과 연결되는데 부시 정권은 그런 반감에 대해서도 전혀 걱정하지 않는다. 부시 정권은 국제사회의 원칙이야말로 가장 중요하다고 생각하고 있다. 그 원칙에 근거하여 행동하는 것이 국제사회에 대한 책임이라고 믿고 있는 것이다.

이 점에 대해 논의를 시작하면 수많은 의견이 나올 것이다. '사람의 목숨은 그 무엇보다 존중되어야 한다'는 이유로 테러리스트를 살려 준 일본의 정치가도 있었지만 부시 정권에 의하면 그 정치가도 역시 테러리스트의 일원이 된다. 대통령을 비롯한 부시 정권의 인물들은 테러리스트를 비롯한 국제사회의 '악'에 무릎을 꿇어 악당의 이론이 세계를 움직이게 된다면 국제사회 그 자체의 존재 이유가 사라진다고 생각하고 있다.

그런데 부시 정권의 어느 누구도 말로 표현하지는 않지만 이렇게 생각하고 있을 것이라고 예상되는 부분이 있다.

"김정일이 핵 개발을 포기하고 대량파괴무기를 스스로 포기해 버리지 않는 한, 평양을 폭격해야 할 것이다."

물론 백악관을 비롯한 미국 의회나 매스컴은 이 말을 입 밖으로 꺼낸 적이 없지만 나는 부시 정권이 지금 이 문제를 진지하게 생각하고 있을 것이라고 믿는다. 그렇기 때문에 미국은 주한미군을 단 한 명도 중동으로 옮기지 않고 전세계에서 가장 강력한 전력을 가지고 있는 오키나와의 미 해병대를 한반도를 향하여 대기시키고 있는 것이 아닐까.

북한에 대한 공격전략은
아직 세워지지 않았다

2

2002년 11월 초 허드슨연구소의 회의실에서 한반도 문제에 대한 세미나가 개최되었다. 이 세미나는 허드슨연구소 안에서 보기 드물게 북한파로 불리는 학자가 개최한 것으로 남북한의 합병 문제가 주제였다. 나는 현상태로는 남북한의 합병은 있을 수 없다고 생각하고 있다. 하지만 세미나에 국방성에서도 많은 군인들이 참가하기도 해서 나도 회의에 참석했다.

세미나가 끝난 뒤 국방성의 군인들과 대화를 나누었는데 그들 대부분은 이라크 문제에 대해서만 이야기할 뿐 한반도에서 어떤 전쟁을 할 것인가에 대해서는 생각도 하지 않는 것 같았다. 다음 날 나는 국방평의회의 스탭들과 이야기를 나누었지만 그들도 역시 북한에 대한 전술이나 전략을 생각할 시간은 없는 듯했다.

이런 상황에서 리차드 펄 박사는 "우리가 지금 아무런 준비도 하고 있지 않다고 해서 김정일이 함부로 행동한다면 반드시 후회하게 될 것입니다"라고 말했지만 현시점에서 부시 정권은 한반도 문제를 모두 주한미군에게 위임하고 있다. 국방성도 역시 현재는 고민해야 할 필요가 없다고 생각하고 있다.

"한반도 문제는 모두 주한미군의 전술상 문제다. 전략을 생각할 필요는 없다."

미 국방성의 간부의 말인데 주한미군이나 주일미군은 이 사고방식에 근거하여 이라크에 대한 전쟁에는 전혀 관여하지 않고 북한만을 노려보고 있는 것이다.

지금 주한미군이 가장 두려워하는 것은 북한이 갑자기 지하에 숨겨둔 대포나 로켓을 서울에 퍼부어 한국의 수도를 불바다로 만들어버리는 것이다.

1994년 미국과 북한의 관계가 긴장상태에 놓였을 때, 김정일은 이렇게 말했다.

"서울을 순식간에 파멸시키겠다."

한국뿐 아니라 주한미군도 이 위협이 현실로 발생할 것을 두려워하여 대응책에 고심하고 있다. 북한은 38선 근처에 수많은 군대를 배치하고 그 주력을 지하 깊은 곳에 감추어두고 있으며 땅

굴을 파서 특수부대가 언제든지 한국의 수도 서울로 침입할 수 있는 태세를 갖추고 있다.

북한의 이런 전쟁체제에 대해 미국은 늘 강력한 경고를 보냈다. 지금도 북한이 38선에서 100킬로미터 이상 북쪽으로 군대를 후퇴시킬 것을 요구하고 있다. 미군은 강력한 스파이위성이나 도청용 위성을 북한 상공에 24시간 띄워놓고 북한의 움직임을 감시하고 있는데 현재 북한의 움직임에 대해서는 극도로 신경질적인 모습을 보이고 있다.

그러나 이번 북한의 핵무기를 비롯한 대량파괴무기의 개발이나 KEDO를 둘러싼 약속위반에 대해서는 보복행동을 취하기 전에 먼저 북한 쪽에 자주적인 병력 철수를 요구해야 한다는 주장이 미 국방성 일부에서 제기되고 있다. 부시 정권의 입장에서는 이라크와 전쟁을 치르는 동안에는 일단 한걸음 물러나 북한이 갑작스럽게 한국을 공격하거나 일본에 미사일 공격을 하는 사태를 피하려 하고 있다.

하지만 앞에서 설명했듯 부시 정권은 다음과 같은 생각을 가지고 있다.

"그런 사태를 피하기 위해 대화에 나서는 것은 국제사회의 원칙에 위반되는 행동이며 미국이 취해서는 안 되는 행동이다."

부시 정권이 현재 북한에 대한 전략을 고려하지 않고 있다는 것은 일본·한국과의 관계를 포함하여 한반도 및 극동지역 전역에 대한 미래의 설계도가 아직 완성되어 있지 않다는 사실을 의미한다.

이 점에 대해서도 부시 정권은 일단 이라크전쟁이 처리된 이후라는 대전제를 바탕으로 생각하고 있는데, 북한 쪽이 미국의 본격적인 자세가 정해지기 이전에 예상 밖의 대응에 나설 위험이 있다. 그 대응은 대체 무엇일까.

일본이나 한국에 정치적 또는 군사적인 위협을 가하여 미국과의 보조를 무너뜨리는 것에 의해 미국이 정치적으로 움직이기 어려운 정세를 만드는 것이 아닐까 하는 것이다. 고이즈미 수상의 북한 방문은 바로 그런 우려 때문이었다. 일본은 이런 점에서 북한의 의도대로 움직여버렸다. 납치 문제를 미끼로 고이즈미 수상을 미국의 경계 안에서 빼내가 버렸다.

한편 한국의 김대중 대통령은 햇볕정책을 내걸고 있는데 부시 정권은 이전부터 김대중 대통령의 햇볕정책에 대해 원칙적으로 반대하고 있었기 때문에 최근 들어 갑자기 보소가 흐드러진 것이라고는 보기 어렵다.

그런 일본과 한국에 대해 북한 쪽이 강경조치를 취하여 "미국 측과 보조를 맞추는 한, 미사일로 일본을 공격하고 서울을 불바다로 만들겠다"고 위협할 때, 일본이나 한국은 어떻게 행동해야 할까. 나아가 북한이 더욱 악랄한 수법으로 일본에 독가스 공격을 실행하겠다고, "일본이 미국의 편을 드는 자세를 계속 유지하는 한, 2단계, 3단계의 공격을 가하겠다"고 위협하는 경우, 일본은 어떻게 행동해야 할까.

국제사회의 게임을 생각하면 이런 사태는 충분히 발생할 수 있다. 일본과 미국은 동맹국인데 미국은 북한에 대해 공격을 가한다. 수도 평양에 대한 공격도 있을 수 있다. 이 공격을 피하기 위해 북한은 동맹국인 일본에 압력을 가하여, 미국을 설득하여 공격을 그만두게 하지 않으면 미사일에 의한 독가스 공격을 하겠다고 위협해 오는 것이다.

이때 일본은 대체 어떻게 반응할 것인가. 평화국가를 자인하는 일본 국민이나 매스컴은 소극주의를 선택하여 미국에게 북한을 공격하지 말라고 요구할 가능성이 매우 높다는 것이 내 생각이다. 하지만 부시 정권은 일본이 어떤 요구를 하든 북한의 약속위반이 계속 이어지면 사정없이 북한을 공격할 것이다. 그리고 일본은 독가스 공격을 받아 도쿄를 비롯한 대도시에서 수많은 피해자가 발생할 것이다. 그렇게 될 경우 일본의 매스컴이나 평화세력은 반미성향을 띠지 않을 수 없다.

지금 이런 게임을 생각하는 태도는 현실적인 문제로서 별 의미가 없을지도 모르지만 국제사회의 전쟁 게임으로서 국가의 지도자는 늘 염두에 두고 대응책을 생각해두어야 한다.

제2차 대전이 끝나고 냉전이 시작된 이후 일본의 지도자들이 국제사회의 현실과 상식을 완전히 무시해온 이유는 이런 전쟁 게임을 전혀 생각하지 않았기 때문이다.

냉전이라는 것은 미국과 소련이라는 초대국이 대량파괴무기를 손에 넣고 서로를 적으로 간주하여 싸움을 벌이면서 적에게 빈틈이 있으면 괴멸시켜버린다는 전쟁이었다. 이런 전쟁의 경우에는 '적의 빈틈'에 동맹국의 안전도 포함되어 있었다. 그 때문에 냉전 상황 속에서의 미국은 일본이 소련의 공격을 받지 않도록 전력을 기울여 보호했다. 더구나 소련과 미국의 힘이 너무 강했기 때문에 일본이 스스로 군사력을 개발하더라도 별 도움이 되지 못했다. 일본의 전력을 굳이 표현한다면 제로에 가까웠다.

냉전 상황 속에서 미국과 소련은 전세계를 게임판으로 삼아 자신들의 진영을 확대하는 노력에 힘썼다. 아군을 늘리는 것이 냉전의 승리와 연결되었기 때문이다. 하지만 이제 그런 상황이 바뀌어버렸다. 이제는 미국이 북한의 공격으로부터 일본을 어느 정도까지 지켜줄 것인지 예측하기 어려운 정세에 놓여 있다. 미국의 입장에서는 일본이 북한의 미사일에 의한 독가스 공격을 받아 엄청난 피해를 받더라도 특별히 손해를 볼 게 없다. 도쿄에서 수만 명의 사망자가 발생한다고 해도 동정은커녕 "독가스 공격에 의해 일본 사회가 혼란에 빠지면 미국 기업이 이익을 얻을지도 모른다"는 식으로 생각하더라도 이상할 것이 없다.

이것이 냉전 이후의 새로운 국제사회의 현실이다. 일본과 미국, 북한의 관계에 대해서 다시 한번 생각해보자.

미국이 북한의 수도인 평양을 강력한 군사력을 바탕으로 공격하려 하고 있다. 여기에 대해 북한은 미국에 보복할 힘이 없다. 북한의 미사일 따위는 미국의 입장에서 보면 벌침 정도에 지나지 않는 것이다. 그래서 북한은 일본에 대해 미사일 공격을 감행하여 미국을 견제하려 한다.

냉전시대의 이론으로 생각한다면 미국은 일본을 도와 일본과 보조를 맞추는 것이 정치적으로도 매우 중요하다고 생각할 수 있다. 하지만 이제 냉전 이론은 막을 내렸고 미국은 일본을 도와줄 필요가 없다.

"미국은 미일안보조약을 바탕으로 일본을 도와줄 것이다."

일본 외무성을 비롯하여 냉전체제에 물들어 있는 일본의 안전보장전문가들은 그렇게 말할 수도 있지만 미국인은 그 말에 귀도 기울이지 않을 것이다.

왜 김정일을 공격하는가

3

2002년 11월 29일 국제연합안전보장이사회는 북한에 대해 2003년 3월 31일까지 핵무기 개발 상황에 대해 보고하라고 요구했다. 이사회의 이 요구는 사실 이사회 전체의 결정이 아니라 이사회의 핵무기 개발담당자가 결정한 것으로 담당자들은 북한이 보고를 하지 않는 경우 또는 보고를 한다고 해도 내용이 KEDO의 약속에 위반되는 경우에는 안전보장이사회의 정식 주제로 상정하려고 생각하고 있었다.

여기에 이르자, 북한의 핵무기 개발문제는 이라크의 핵무기 개발문제와 같은 수준에 놓여져 전세계에서 엄한 규탄을 받게 되었다. 일본에서는 북한의 핵무기 개발문제에 대해 그다지 엄한 비판이 나오지 않고 있지만 미국을 비롯한 세계 각국은 김정일의 핵무기 개발에 큰 관심을 기울이고 있다. 그 가장 큰 이유는 김정일이 세계에서 가장 고립되어 있는 독재자로 그가 어떤 인물인지 이해할 수 없을 뿐 아니라 수만 명의 국민을 굶어죽게 만들고 있기 때문이다. 전세계 대부분의 매스컴들은 김정일을 지구상에서 가장 위험한 독재자라고 자리매김하고 있다.

세계의 정치가나 매스컴은 일본인이 북한의 공작원에 의해 일본에서 납치된 사건에 대해 정보를 거의 가지고 있지 않다. 이 문제가 밝혀지기 시작할 즈음, 미국의 북한문제 최고책임자 중의 한 명인 존 볼튼 국무차관조차 내게 이렇게 말했다.

"북한 공작원이 일본에 잠입해서 일본 국민을 납치하고 있다는 말이 있는데 그게 있을 수 있는 일입니까?"

한국이나 일본을 침략할 목적 때문에 다른 국민을 납치하는 범죄를 저지르고 수만 명의 자국민을 굶어죽게 만드는 한편으로 핵무기를 개발하고 미사일을 제조한다는 사실은 한국에 대한 공격이나 독가스를 이용한 일본인 살육으로까지 연결된다. 김정일이 세계 최악의 지도자이며 잔인한 독재자라는 점은 틀림없는 사실이다.

하지만 미국에서 북한의 핵무기 개발문제가 특히 강하게 비판받는 이유는, 김정일이 미국과의 약속을 깼기 때문이다. 앞에서 설명했듯이 미국은 국제사회에서의 원리원칙을 매우 중요하게 생각하고 있다. 일단 약속한 국제적인 계약은 반드시 지켜져야 한다. 그것을 지키지 않는 국가는 미국이 힘을 바탕으로 벌한다.

이것은 미국 정부가 존속되기 위한 가장 중요한 원칙이다. 김정일은 이 원칙에 정면으로 맞서 왔다. 이런 김정일의 무법은 일본인 납치사건에도 그대로 나타나 있지만 일본 국민은 그 점을 이해하지 못하는 듯하다.

"북한과 약속했으니까 일본으로 돌아온 납치 피해자는 일단 북한으로 돌려보내야 한다."

일본의 어떤 저널리스트가 이렇게 발언하는 것을 보고 어이가 없었던 적이 있는데 이 발언이야말로 일본인이 국제사회에서의 원리원칙을 존중하고 있지 않다는 증거다. 애당초 모든 국제법을 위반하고 다른 국민을 납치한 것은 북한이 아닌가.

일본 국민의 납치를 북한이 인정했을 때, 나는 미국인 친구에게 그 이야기를 들려주었는데 그 친구의 반응은 다음과 같았다.

"그렇다면 일본은 북한으로 군대를 보내서 납치 당한 일본인을 구출하겠군."

"아니, 용서하고 국교를 정상화시킨 뒤에 원조금을 지급할 생각인 것 같아."

내 말에 그 친구는 고개를 끄덕일 뿐 아무 말도 하지 않았지만

'일본이라는 나라는 한심한 국가야' 라는 듯한 표정을 지어 보였다.

그후 일본의 자세도 많이 바뀌었지만 여전히 북한에 대해 약한 자세를 보이고 있어 독립국가의 태도와는 거리가 멀다.

원래 국제사회는 독립국가의 공존체제에 의해 성립된다. 공존체제는 국가를 웃도는 권위라는 것이 합법적으로 존재하지 않는다는 점을 의미한다. 이것은 국제법의 대전제이며 국제사회에서는 국가를 강제로 제약하는 힘이나 권위는 존재하지 않는다.

미국에서는 이 대원칙이 엄격하게 존중된다. 국제연합의 존재 그 자체까지 부정하는 미국인이 많은 이유는 그 때문이다.

"국제연합이 국가의 권한을 제한하는 것은 국제사회의 원칙에 위반된다. 국제연합은 미국 정부의 권한을 제한할 수 없다."

미국의 학자들은 대부분 이렇게 말하고 있으며 부시 정권은 이런 사고방식에 전적으로 동의하고 있다.

각각의 국가가 합의한 상황에서 권한을 제한하는 것은 불법이 아니라는 사고방식도 있지만 국제연합에서 다수결에 의해 미국의 주권이 침범 당하는 것은 받아들일 수 없다고 생각하는 미국인은 많이 있다. 이 대원칙에 근거하여 부시 정권은 미국의 힘을 바탕으로 김정일을 벌하려 하고 있다.

"다음에는 네 차례다, 김정일" 이라는 리차드 펄 박사의 말은 바로 이런 미국의 원칙에 바탕을 두고 있는데 미국은 그런 미국의 주장을 미국의 힘을 바탕으로 실행할 것이다. 김정일은 이런 미국의 원칙과 힘에 대항하려 하고 있다. 하지만 분명한 점은 김정일의 힘은 너무 미약하여 사마귀의 저항 정도에 지나지 않을 것이라는 점이다.

객관적으로 보아도 김정일의 행동은 국제적인 범죄행위다. 자신의 국민을 굶어죽게 만들고 한반도를 적화 통일시키려 하는 행동은 인도주의적으로 볼 때 용서할 수 없는 행위라 해도 북한 내부의 사건이라고 말할 수 있다. 하지만 일본 국내에 공작원을 보내어 일본 국민을 납치한다는 것은 국제법으로 볼 때 분명한 범죄다. 이것은 선전포고가 없는 전쟁이라고 말할 수 있는 행위다.

이런 범죄에 대해 일본 국내에는 "일본도 과거에 한반도를 침략하여 전쟁을 위해 수많은 조선인들을 요원으로 연행해 왔으니까 할 말이 없다"고 말하는 사람이 있다. 그런 과거가 있으니까 납치사건을 이해해야 한다는 사고방식인 듯하다. 일본이 조선인들을 연행한 것은 역사적으로 분명한 사실이고 반성해야 할 부분이다. 하지만 일본은 청과 국제법상으로 전쟁을 치러 승리를 거두었기 때문에 당시 청의 군사적 영향 아래에 놓여 있던 조선을 병합한 것이다.

조선인들을 연행한 것은 부도덕한 행위이기는 했지만 일본 국내에 침입하여 일본인을 납치한 행위와는 비교할 수 없다. 먼 옛날의 이야기를 들추어내어 두 나라의 관계를 악화시킨다면 국제사회의 역사는 성립될 수 없다. 과거 아랍인들은 유럽에 싸움을 걸어 수많은 유럽인을 연행하여 돌아갔다. 터키에서 푸른 눈이나 갈색의 머리카락을 가진 사람들을 만날 기회가 많은 이유는 그 때문이다.

전쟁이라는 측면에서 보면 모든 국가가 역사의 한 시기에 부도덕한 행위를 저질렀다. 일본은 조선에서 함부로 행동했다. 그후 일본은 미군의 원자폭탄 공격을 받았고 소련군의 갑작스런 침략에 의해 엄청난 희생을 치렀다. 일본은 부도덕한 행동에 대한 충분한 벌을 받았다고 말할 수 있다.

어쨌든 김정일에 의한 납치사건은 국제사회의 규칙으로 보면 결코 용서할 수 없는 일방적인 불법행위이며 김정일이 어떤 변명을 하든 틀림없는 범죄행위다. 이 무법행위는 김정일이 미국이나 일본과의 약속을 깨고 핵무기를 만드는 행위와 연결된다. 부시 정권이 김정일을 배제하지 않으면 안 된다고 생각하고 있는 이유는 그 때문이다.

김정일은 KEDO에 바탕을 둔 약속을 깨고 미국과 일본을 무시한 상태에서 핵 개발을 추진하고 있다. 2000년 7월 미국 첩보기관은 파키스탄의 군용기가 평양 공항으로 날아가 농축 우라늄을 하역했다는 사실을 알았다. 파키스탄으로 돌아온 비행기에는 북한이 제조한 미사일 '노동'과 그 부품이 대량으로 실려 있었다.

미국은 파키스탄이 북한에 농축 우라늄을 제공했을 뿐 아니라 미국이 제공한 군용기 C130을 사용했다는 데 화를 냈지만, 그후 아프가니스탄의 알 카에다를 공격할 때 전면적으로 미국에 협력한 점을 높이 평가하여 그 행위를 일단 용서했다.

2001년 11월 미국의 파월 국무장관은 미국 신문기자의 질문에 대해 이렇게 대답했다.

"파키스탄은 앞으로 두 번 다시 그런 행위를 되풀이하지 않겠다고 약속했다. 미국으로서는 지난 일은 지난 일로 처리할 생각이다. 파키스탄은 앞으로 북한을 돕지 않을 것이다."

미국의 이 입장은 매우 독선적이다. 농축 우라늄을 입수하여 이미 핵 개발을 실행한 파키스탄은 묵인한 반면, 그 일부 재료를 사들여 핵 개발을 추진하려는 김정일을 공격하겠다는 미국의 행위는 모순이다.

하지만 미국의 이론은 분명하다. 북한은 한반도를 적화 통일시키려 하고 있으며 그것을 막으려 하는 미국을 공격할 것이다. 그 때문에 핵무기를 만들고 장거리미사일을 개발하고 있다.

2001년 11월 부시 대통령은 이렇게 말했다.

"김정일은 미국의 입장에서 볼 때 매우 위험한 인물이다. 사담 후세인보다 더 위험하다."

사담 후세인은 슈트케이스에 들어갈 수 있을 정도의 방사능폭탄, 즉 일반 폭탄에 방사능물질을 첨가한 특수폭탄을 만들어 미국으로 반입하려 한다고 알려져 있다. 김정일은 핵무기를 개발하고 장거리미사일을 만들어 미국을 위협하면서 한반도를 적화 통일시키려 하고 있다.

여기에 이르러 김정일은 사담 후세인과 어깨를 나란히 하는, 어쩌면 그 이상으로 위험한 미국의 적이 되었다. 북한의 김정일은 정체를 알 수 없는 불안한 지도자일 뿐 아니라 미국의 입장에서 볼 때에는 안전보장 면에서 매우 위험한 존재라는 것이다.

미국으로서는 국제법상의 원리원칙도 중요하지만 미국의 안전과 세계전략, 그리고 미국의 권익을 지키기 위해 북한을 공격할 것이다. 이 주장은 이해하기는 쉽다. 하지만 미국 국민들의 입장에서 볼 때 문제는 북한이 한국을 공격하여 적화 통일시키려는 데에 있어서 왜 미국이 자신이 안전을 희생하면서까지 북한을 공격하려 하는가 하는 점이다.

미국이 김정일을 배제하려 하는 근본적인 이유는 미국이 생각하고 있는 세계전략에 김정일이 반대하고 있기 때문이다. 나머지는 미국이 설정한 이유라고 말할 수 있다. 하지만 일본의 입장에서 중요한 것은 김정일이 일본 국내에 공작원을 보냈다는, 선전

82

포고도 없는 전쟁을 시작했을 뿐 아니라 일본인을 납치하고 있다는 점이다.

이런 행위를 인정하고 용서하게 되면 일본은 국가로서 존재할 수 없게 된다. 국제사회는 일본이 국가로서의 기본적인 의무를 수행하지 않고 있다고 생각한다. 미국이 김정일을 배제해야 한다고 생각하는 것처럼 일본은 국제사회에서의 의무를 다하기 위해 김정일 정권에 대해 어떻게든 조치를 취해야 한다. 즉, 김정일 정권에 선전포고를 하고 싸워야 한다. 이것이 국제사회의 원칙이며 원리다.

사람의 목숨은 그 무엇보다 존중되어야 한다. 그러나 국제사회의 원칙을 지키지 않으면 일본은 국제사회에서 존재할 수 없게 된다. 사람의 목숨은 존중되어야 한다고 말할 여유도 사라져버린다. 우리는 이 점에 대해 다시 한번 진지하게 생각해야 한다.

제4장

남북한의 통일은
원치 않는다

주한미군이 북한을 점령한다

1

주한미군은 여전히 북한과 전투상태에 있다. 현재 휴전협정을 맺어 전쟁 그 자체는 정지된 상태다. 한국 정부가 김대중 대통령 아래에서 햇볕정책을 내세워 북한과 우호정책을 취하기 시작했기 때문에 사람들 대부분은 미군과 북한이 전쟁상태라는 사실을 망각하고 있다.

2001년 6월 나는 38선 남쪽에 있는 미군 기지를 방문했다. 이 기지는 비무장지대에 위치해 있으며 북한군이 침입하는 것만을 경계하고 있을 뿐 북한에 공격을 가할 준비는 전혀 갖추어져 있지 않다.

서울에서 자동차를 이용하여 두 시간 남짓, 평화로운 농촌지대를 지나 임진강 근처에서 엄중한 검사를 받은 다음에 비무장지대의 미군기지에 도착했다. 기지 입구에는 성조기가 바람에 펄럭이고 있고 마침 젊은 병사들이 순찰차를 타고 북한과의 경계선을 향하여 출발할 준비를 하고 있었다.

대대 지휘관인 도노반 중령이 병사들에게 훈시를 하고 있었는데 젊은 병사들의 표정은 매우 긴장되어 있었다. 그 이유는, 그 병사들이 불과 2, 3일 전에 텍사스에서 도착하여 최전선에서의 위험에 대해 설교를 듣고 있는 중이었기 때문이다. 병사들은 M16소총에 실탄을 장전하고 언제든지 사격할 수 있는 태세를 갖춘 다음에 순찰을 시작했다.

나는 1966년 남베트남의 다낭에서 미 해병대와 함께 순찰차를 타고 베트남 국경지대로 향한 적이 있다. 2001년 젊은 병사들의 표정은 35년 전과 조금도 다르지 않았다. 미군은 그 당시부터 3분의 1세기에 걸쳐 전쟁을 계속하고 있다. 한반도에서의 순찰은 베트남의 연장선상에 있다.

현재 한국에는 미군 최강이라고 불리는 제8육군 제2사단의 2만 명 가까운 보병과 전차, 그리고 제7공군의 제1선 항공기부대를 합쳐 3만 7천 명이 주둔하고 있다. 이들은 냉전이 끝나고 세계가 평화로워진 상황 속에서도 거의 매일 전투태세를 유지하고 있다. 북한의 김정일 정권이 붕괴되는 경우 미군은 그대로 비무장지대를 넘고 휴전선을 넘어 북한으로 들어가 북한 전체를 점령할 예정이다.

이 점에 대해 미국 정부는 말을 흐리며, 앞으로 어떤 군사적인 전개를 펼칠 것인지 분명하게 밝히지 않고 있지만 북한의 국내정세를 보면 분명한 사실이 한 가지 있다.

북한은 지금 국가로서 붕괴되려 하고 있다. 이대로 존속되기는 어렵다. 북한은 매년 수만 명 이상이 굶어죽고 있으며 군수산업을 제외하면 모든 산업이 괴멸상태에 놓여 있다. 북한은 원래 산업정책에 힘을 기울이지 않아 도로나 철도의 대부분은 전쟁 전에 일본이 만든 것이다. 건국과 동시에 전쟁을 치르고 곧 휴전상태에 들어갔기 때문에 군수산업을 제외하면 농업 이외에 새로운 산업이 없다. 농업도 치산치수가 제대로 이루어지지 않아 오랜 세월 동안 기아상태에 허덕이고 있다. 앞으로도 식량사정은 더 나빠질 전망이다.

앞에서 소개한 국방정책회의의 리차드 펄 의장은 이런 상황에 대해 다음과 같이 말했다.

"북한은 스스로 붕괴될 것이다."

미국 정부는 정치적·경제적인 압력을 강화함과 동시에 군사적인 압력을 강화하면 북한이 자연적으로 붕괴될 것이라고 보고 있다.

"붕괴된 북한을 어떻게 처리할 것인지 미국은 아직 생각하지 않고 있다. 그러나 북한에 김정일 이후 새로운 정권이 쉽게 형성될 것이라고는 생각하지 않는다."

미국의 코엔 전 국방장관의 말이지만 붕괴된 북한에 대해서는, 현재 군사적인 압력을 가하고 있는 미군이 들어가 점령하는 것 이외의 다른 길은 없다고 생각한다.

비무장지대인 국경선을 사이에 두고 북한과 대치하고 있는 미군은 북한이 정치적으로 붕괴됨과 동시에 그대로 북한으로 들어간다.

주한미군의 전투부대는 대부분 38선의 비무장지대에서 100킬로미터 정도 떨어진 지점에 배치되어 있으며 전투부대의 주력 기지는 캠프 케이시다. 탱크부대를 비롯한 포병이나 보병부대는 긴급사태가 발생하면 즉시 국경선을 넘어 공격해 오는 북한군과 싸울 태세를 갖추고 있다.

북한 정부가 붕괴되고 군이 전투태세를 잃게 되면 미군은 북상을 시작하여 평양을 향하여 진격한다. 그와 동시에 오키나와에 주둔하고 있는 미 해병대가 새롭게 배치된 고속 수송함을 이용하여 동해의 북한 연안에 상륙작전을 펼쳐 그대로 각지를 점령한다.

이런 사태가 언제 어떤 형식으로 발생할 것인가에 대해서는 미군의 자료에도 분명한 예측이 씌어 있지 않지만 미 국방성의 정보관계자는 내게 이런 말을 한 적이 있다.

"김정일 정권이 붕괴되고 새로운 정권이 형성될 가능성이 전혀 없는 것은 아닙니다. 하지만 누가 어떤 형식으로 새로운 정권을 만들 것인지 우리는 전혀 예상할 수 없습니다."

미국은 그런 사태를 촉진시키기 위해 움직일 생각은 없다. 북한이 자연스럽게 붕괴되기를 기다리고 있을 뿐이다.

미국이 적극적으로 움직이지 않는 이유는 북한 경제가 매우 악화되어 있고 미국이 개입하지 않더라도 자연스럽게 붕괴될 것이라고 판단하기 때문이다. 미 국방성의 정보에 의하면 지금 북한 내부에서 가동하고 있는 발전시설은 단 한 개밖에 없다. 그것도 앞으로 중유가 부족해질 경우에는 멈추어버릴 가능성이 있다.

국방성의 이 정보는 민간용으로 사용되고 있는 발전시설이 한 개뿐이라는 의미이지만 2002년부터 2003년에 걸친 겨울, 북한의 기후가 예상 이상으로 추워진다면 북한 국내에서는 굶어죽는 사람 이외에 얼어죽는 사람도 증가할 것으로 예상된다.

"만약 올해 혹독한 추위가 몰아닥친다면 북한은 겨울을 넘기기 어려울 것이다."

미국 CIA에 근무하는 북한관계자의 말인데 북한은 이제 옴짝달싹 할 수 없는 상태에 놓여 있다. 미국으로부터 연간 50만 톤의 중유 공급이 중단되고 일본으로부터의 원조가 중단된다면 김정일 정권은 붕괴될 수밖에 없을 것이다. 그런 예측이 있기 때문에 일본에는 "김정일 정권을 지나치게 압박하면 폭발할 위험이 있으니까 부드럽게 다루어야 한다"는 목소리도 있다.

하지만 부드럽게 대한다고 해서 북한이 공격하지 않는다는 보장은 없다. 북한이 현재 일본에 대해 감행할 수 있는 행위는 아마 대포동미사일에 독가스를 실어 공격하는 정도일 것이다. 일본이 그것을 두려워하여 국제적인 규칙을 지키지 않게 된다면 틀림없이 국제사회로부터 비판받게 될 것이다. 그럴 경우 세계 각국과 대등한 관계를 유지하는 것조차 어려워진다.

일본에는 납치피해자를 복귀시키는 문제에 대해 일본이 일단 돌려보내겠다고 약속한 것은 국제적인 계약이니까 지켜야 한다는 주장이 있다. 외무성의 직원이었던 사람이 피해자의 가족이나 관계자에게 보낸 문서에도 그렇게 씌어 있었다고 한다. 그러나 테러리스트이며 범죄자인 김정일에게서 인질을 되찾기 위해 한 약속을 지킨다는 것 자체가 더 이상하다는 것이 세계적인 상식이다.

어쨌든 일본이 북한에 대해 나약한 모습을 보이든 말든 미군은 상황이 되면 경계선을 넘어 북한 각지를 점령할 것이다. 여기에 대해 북한군은 조직적으로 저항할 수 없을 것이다. 미군은 보병부대나 전차부대가 북한으로 진격할 때 하늘에서 경계태세를 강화하여 북한의 전차부대나 포병이 저항하는 경우에는 철저하게 공격을 가한다. 이라크전쟁에서 그 효과를 충분히 보여준 정밀폭탄이 사용되어 북한군은 철저하게 괴멸될 것이다.

미군의 북한 점령에 있어서 한국군은 북한 내부로 진격할 수 없을 것으로 여겨진다. 한국이 북한을 점령하여 한국과 북한이 통일되는 것을 미국은 바라지 않기 때문이다.

현재의 정세를 살펴보면 한국은 형식적으로는 독립되어 있지만 군사적으로는 미군의 지배 아래에 있다. 군사적으로 보면, 한국의 최고권력자는 미군이며 주한미군의 사령관이다. 주한미군은 서울의 용산에 사령부를 두고 한국 전체를 지배하고 있다. 그 사령부는 일찍이 일본의 총독부가 있었던 건물이다. 총독부의 주인공이 일본에서 미군으로 바뀌었을 뿐인 것이 한국의 정세다.

38선의 경계선까지였던 미군의 지배가 한반도 전역으로 확대된다. 미군이 북한을 점령함과 동시에 오키나와의 해병대를 비롯한 미군의 주력은 일본에서 북한으로 이동한다. 대부분의 미군 보급체제도 한반도로 옮겨질 것으로 여겨진다.

미군은 현재 상태에서는 분명한 계획을 세워놓고 있지 않지만 주일미군 기지는 대폭 축소될 것이다. 하지만 이 문제에 대해서는 미 국방성도 아직 상세한 계획을 세워놓지 않았다.

북한의 주장은 통하지 않는다

북한은 한반도에서의 주인공이 자기들이라고 생각하고 있다.

"북한을 건국한 김일성은 독립운동의 지도자이며 그 승리의 결과 북한이 성립되었다. 즉, 북한이야말로 한반도의 주인공이다."

이런 사고방식이다.

제2차 대전 이후의 한반도 역사를 살펴보면 언뜻 그 주장이 정당한 것처럼 여겨진다. 특히 김일성이, 적어도 어떤 형식으로든 일본군과의 싸움에 가담했다고 여겨지는 데 비하여 한국의 초대 대통령이었던 이승만은 미국 정부가 김일성에게 대항할 수 있는 한국 정부를 만들기 위해 하버드대학에서 데려온 학자에 지나지 않았다.

그러나 김일성이 독립국가 북한을 만드는 데 어느 정도나 힘을 기울였는가 하는 점은 분명하지 않다. 모든 것이 스탈린의 명령 아래에서 이루어졌기 때문이다. 김일성이 역사상 독립지사였는가 아닌가 하는 사실을 객관적으로 확인할 수 있는 자료는 미국에는 존재하지 않는다.

따라서 한반도의 진정한 독립지사가 김일성인지 이승만인지 증명할 수 없다. 이 점에서 북한 쪽의 주장은 국제적으로 인정받을 수 없다. 하물며 미국 정부는 문제로도 삼지 않는다. 게다가 김일성의 최대의 오점은 남한에 대해 침략전쟁을 벌였다는 것이다. 이것도 미국에서 데려온 이승만이 인기가 너무 없었기 때문에 김일성이 남북통일을 지향하여 전쟁을 벌인 것이라고 알려져 있다.

그러나 김일성의 남북통일 시도는 실패로 끝났고 결국 중국군의 인해전술에 의해 간신히 그 존재를 유지할 수 있게 되었다. 따라서 한반도에서의 주역이 북한이라는 주장이 세계 역사에서 인정받지 못하는 것은 당연하다.

그리고 현재의 김정일이 실행하고 있는 행위는 어떤 점에서 보아도 국제 규칙에 위반된다. 북한의 주장은 세계에서 전혀 통하지 않는다. 애당초 김정일이 미국에 대한 복수전을 시작했다는 것 자체가 국제적으로 인정받을 수 없다.

또한 일본에 대한 복수, 즉 일본의 침략과 조선인에 대한 비인도적인 취급에 복수의 뜻을 표명하는 것은 잘못이 아니지만 선전포고도 없이 일본 국내에 비밀공작원을 보내어 일본인을 납치하는 행위는 국제적인 범죄자일 뿐이다.

일부 일본인이 북한의 이런 행위를 인정하는 이유는 무엇일까. 일본 국내에 수많은 재일조선인이 있다는 점, 공산주의사상에 세뇌당하여 시야가 좁아진 일본인이 상당수 존재하고 있다는 점 때문일 것이다. 그러나 북한과 김정일의 주장은 그들의 내부에서만 인정될 수 있는 것으로 일본인이 이해하거나 판단할 문제는 분명히 아니다.

미국과 일본에는 한국과 북한을 통일시켜야 한다는 사고방식이 존재한다. 냉전이 끝나고 미국과 소련을 중심으로 하는 두 개의 블록화가 막을 내리면서 세계가 평화로운 상황이 되었으니까 한국과 북한은 통일되어야 한다는 사고방식이다.

일본에서는 물론이고 미국에서도 한국과 북한 문제를 생각하는 사람은 많이 있는데 그들은 남북 통일을 전제로 하여 한반도 문제의 장래를 생각하고 있다. 하지만 현실적으로 왜 남북이 통일되어야 하는 것일까.

미국인들 대부분은 전혀 모르고 있거나 알려고 하지 않지만 한반도는 오랜 세월 동안 세 개의 국가로 분열되어 서로 대립해 왔다. 신라, 고구려, 백제라는 세 개의 국가가 한반도에 존재하면서 각각 독립적으로 대립했다. 역사적·문화적으로도 세 개의 국가가 한반도에 존재했다는 것은 분명한 사실이다. 그런 상태가 바람직한 것인가 하는 점은 별개의 문제로 치고 그런 역사를 거쳐 제2차 대전 이후 소련이 북한을 만들었고 미국이 한국을 만들었다.

"미국과 소련이 대립하던 냉전이 막을 내렸으니까 이 두 국가를 하나로 만들어야 한다."

이것이 남북통일론자들의 의견이다. 하지만 이 두 국가는 50년 이상에 걸쳐 이미 개별적으로 존재해 왔다. 더구나 역사적으로도 한반도에는 세 개의 국가가 있었다. 그 점을 생각하면 왜 지금 하나의 국가로 만들어야 하는가 하는 의견이 제시되는 것도 당연하다.

더구나 이 두 개의 국가는 사고방식도 매우 다르다. 한국은 미국형 민주주의국가다. 1980년대 이후의 경제불황 속에서 미국 경제와는 끊고 싶어도 끊을 수 없는 체제가 갖추어졌다. 또 하나 북한은 낡은 농업 중심의 사회체제를 뛰어넘지 못하여 사람들 대부분이 한국과는 전혀 다른 사고방식을 가지게 되었다. 그런 북한과 한국을 통일시키는 것이 현실적으로 얼마나 도움이 될 것인가.

더구나 세계에서는 민족이 힘을 합쳐 독립하는 움직임이 강해지고 있다. 동유럽뿐 아니라 서유럽에서도, 아시아나 아프리카에서도 민족에 의한 그룹화가 진행되고 있다. 그런 세계 정세 속에 한국과 북한의 통일은 대체 무엇을 이상으로 삼고 있는 것일까.

냉전 상황에서 한반도는 둘로 분열되어버렸다. 그래서 일본인이나 미국인들 대부분은 '불쌍하다'고 생각한다. "냉전의 희생자인 한반도 사람들"이라는 표현이 흔히 사용되며 특히 미국인들 사이에는 죄의식이 강해졌다. 미국이 냉전시대의 세계전략을 위해 한반도를 둘로 분열시켰다는 반성도 있다.

하지만 스탈린이 북한을 만든 것도, 트루먼이 한국을 만든 것도 역사적 필연이었다고 생각한다면 지금 미국인들이 죄의식 때문에 두 국가를 하나로 만드는 것이 한반도 사람들에게 반드시 도움이 된다고 말하기는 어렵다.

김정일의 남북통일에 대한 사고방식은 남한을 침략하려는 북한의 사고방식이다. 55년 전 아버지인 김일성이 실행한 남한에 대한 침략전쟁을 되풀이하려 하는 것이다. 김정일은 한일합방 이후 일본인들의 침략과 범죄행위에 대해 조선인들이 복수하는 것은 당연하다고 생각하고 있는 듯하다.

하지만 인류의 역사는 그런 김정일의 사고방식을 지지하지 않는다. 김정일이 일본의 침략에 대해 화를 내고 복수하고 싶어한다면 어째서 중국을 공격하지 않는가. 어째서 미국에 대해 반격하는 것인가. 미국은 한국전쟁을 치른 것 이외에는 북한에 아무런 위해도 가하지 않았다. 하지만 중국은 역사적으로 볼 때, 끊임없이 한반도를 침략했다.

"여보, 요동(遼東)에서 죽지 말아요."

중국의 옛 시다. 요동은 조선을 가리키는 말이다.

"여보, 조선의 전쟁에 나가서 죽지 말아요."

즉, 조선에서의 전쟁에서 목숨을 잃어보아야 아무런 의미가 없다는 시다. 이처럼 조선과 중국은 끊임없이 전쟁을 치렀다.

일본이나 미국에 대한 김정일의 복수 주장은 통하지 않는다. 중국에 대해서는 어떻게 할 생각이냐고 질문을 던진다면 김정일은 답변할 수 없을 것이다.

지금 김정일이 일본에 대해 실행하고 있는 행위는 분명히 일본에 대한 시비다. 따라서 일본은 이런 행위에 대해 반격해야 한다. 싸우는 것이 국제사회의 질서를 유지하는 것이다.

국제사회의 규칙에서 보면 일본에 대한 김정일의 부당한 싸움에 대처하는 것은 재일조선인의 문제와도 연결된다. 일본 정부나 일본인이 조선침략에 대한 반성으로서 재일조선인에 대해 특별한 배려를 하는 것을 국제사회의 규칙으로 살펴본다면, 일본의 국가로서의 기본적인 입장과 충돌한다. 재일조선인이 자신들의 의지로 일본에 계속 거주한 것이라면 그들은 일본에 피해를 끼치는 행동은 하지 말아야 한다. 일본 국민의 권리를 모두 얻고 싶다면 일본인이 되어야 한다.

이것은 세계 각국의 이민정책의 기본이다. 재일조선인이 일본보다 조선에 대한 충성을 우선한다면 그들은 당연히 일본에서 떠나야 한다. 일본인들이 일찍이 조상들이 저지른 범죄에 대한 반성에서 재일조선인을 특별취급하고 그 결과 북한의 범죄행위까지 눈을 감아준다면 국제사회에서 일본은 국가로서의 위치조차 흔들리게 된다.

일본에 대한 김정일의 사고방식은 이치에 전혀 맞지 않는 것이며 그의 주장은 세계에서는 통하지 않는다. 더구나 그런 북한의 주장을 일본 국내에서 인정한다면, 일본은 국가로서의 위치조차 잃게 된다.

가장 단적인 예는, 납치사건 피해자에 대한 일본의 매스컴이나 정부 일부의 태도에서 엿볼 수 있다. 일본인이 자기 나라에서 외국의 첩보기관원에 의해 납치된다는 것이 대체 어떤 의미인지 일본인은 진지하게 생각해보아야 한다. 독립국가의 기본이 무엇인지, 오랜 세월 동안 잊고 있었던 것을 다시 한번 힉습할 수 있는 좋은 기회다.

미국은 김정일의 터무니없는 사고방식이나 행동이 국제사회에서는 전혀 인정받을 수 없다는 사실을 힘으로 보여주려 하고 있다. 그 명확한 주장의 연장으로서 미군을 북한에 주둔시키려

하고 있다. 일본이 독립국가로서 자국의 이익을 생각한다면 이런 미군의 행동을 지지하고 한반도에서의 정세가 국제사회의 규칙에 맞도록 노력해야 한다.

중국은 결국 북한을 버릴 것이다

3

위싱턴의 명문 클럽 중의 하나인 아미네이비클럽은 요즘 회원이 감소해서 아침에는 그다지 많은 손님이 모이지 않는데 2002년 11월 초에 친구들과 아침식사를 하러 갔을 때, 한국전쟁 참전용사로 보이는 평균 연령 80세 정도의 장군들이 들어왔다.

베이컨과 달걀이라는 전형적인 미국식 아침식사를 한 뒤 커피를 마시면서 연로한 장군들과 이야기를 나누게 되었는데, 그때 북한에 미군이 주둔하는 것이 화제가 되었다.

"북한에 미군이 주둔하면 중국군이 그냥 내버려두지 않을 것입니다. 중국은 미군을 아시아대륙에 주둔시키고 싶어하지 않을 테니까요."

한국전쟁 당시에 전사한 워커 중장과 함께 전쟁에 참가했다는 연로한 장군이 말했다. 확실히 미국인의 상식으로 보면 중국은 미군이 북한에 주둔하는 것을 인정할 리가 없다.

한국전쟁 때 맥아더가 이끄는 미군이 압록강까지 진출하여 중국 내로 병력을 진격시키려 했다. 그때 갑자기 중국군이 참전하여 미군은 즉시 퇴각할 수밖에 없었는데 미군을 비롯한 미군 지도자들은 중국이 그들 국경에 결코 미군 주둔을 허락하지 않을 것이라고 느낀 듯하다. 그렇기 때문에 미국의 고참 군인들은 북한에 미군이 주둔한다는 구상에 대해 '어떤 위기가 발생할지 알 수 없다'고 생각한다.

사실 중국의 군인들은 미군이 국경에 주둔하는 것에 대해 강한 우려를 보이고 있다. 중국은 베트남전쟁 때에도 미군이 북베트남으로 진격하는 것을 강하게 경계했다. 베트남과 중국의 국경에 미국이 들어서는 것을 우려했던 것이다.

내가 소속되어 있는 허드슨연구소의 젊은 친구들처럼 남북한이 하나가 되어 일본과 중국 사이의 완충지대가 되어야 한다고 생각하는 미국인의 입장에서는 미군이 북한에 주둔하는 것은 터무니없는 일이다. 하지만 생각을 바꾸어보면 미군의 북한 주둔은 그렇게 우려할 일이 아니다. 중국은 북한이 경제적으로 부흥하려면 오랜 시간이 걸릴 것이라고 생각하고 있다. 중국은 자국 문제를 해결하는 데에도 벅차 협력을 해 줄 여유가 거의 없다. 미군이 주둔하여 도움을 준다면 쉽게 경제를 부흥시킬 수 있다.

게다가 중국의 입장에서 위험한 것은 미국이나 일본보다 러시아다. 역사적으로 보아도 러시아는 늘 확대를 도모해 왔다. 최근까지도 아시아에 침략의 창끝을 돌린 적이 꽤 많이 있다. 지금 러시아와 중국의 경계선은 몽고를 경계로 동서 6천 킬로미터에 이른다. 더구나 옛 만주에서 북한에 걸쳐 국경선이 더 길게 뻗어 있다. 그런 상황에서 미군이 주둔해 준다면 '러시아의 야심'을 우려하는 중국의 입장에서는 오히려 다행스런 일이다.

주일미군의 주력부대가 북한에 주둔하게 된다면 주일미군의 수나 기지가 감소하게 된다. 특히 병력의 수를 생각하면 오키나와에 주둔하고 있는 미 해병대는 북한으로 옮겨져야 한다. 요코스카(横須賀)에 기지를 두고 있는 미 제7함대는 남한과 북한의 항구에 분할되어 주둔하게 될 것이다. 그 결과 일본과 미군의 관계가 희박해진다.

중국이 이런 상황을 환영할 것이라는 점은 충분히 상상할 수 있다. 미군이 일본을 떠난다면 중국의 입장에서는 위협이 감소할 뿐 아니라 장차 일본에 대한 영향력을 강화시킬 수도 있다. 게다가 미군이 러시아 국경 근처에 주둔한다면 러시아군을 견제할 수도 있다. 이렇게 생각해보면 미군의 북한 주둔은 중국의 입장에서 볼 때 매우 환영할 일인 것이다. 하지만 미군이 북한에 주둔하면 북한에 대한 중국의 영향력도 약화된다. 현재 북한에 대한 중국의 영향력은 매우 강하다. 중국은 북한에 대해 어떤 의미에서는 하고 싶은 대로 행동하고 있다.

얼마 전 고이즈미 수상이 평양을 방문했을 때 함께 수행했던 일본의 젊은 기자는 내게 이렇게 말했다.

"평양에는 중국의 기자단도 와 있었는데 그들은 북한의 정치가나 관료에 대해 놀라울 정도로 함부로 행동했습니다. 북한 외무성의 관리 따위는 중국의 기자들이 화를 내면 어쩔 줄 모르고 당황하는 모습을 보였습니다."

한낱 기자가 북한의 관리에 대해 이런 태도를 취한다는 것은 북한에 대한 중국의 영향력이 얼마나 강한지 잘 보여준다. 하지만 미군이 주둔하게 된다면 북한에 대한 중국의 영향력은 제한될 수밖에 없다. 북한의 정치가나 관료들은 지금까지 중국을 대했던 것처럼 미군을 대할 것이다. 북한의 김정일은 틈이 있을 때마다 중국을 방문하여 중국의 경제정책을 배우려 한다. 미군이 주둔하게 된다면 새로운 정권은 중국보다 미국을 배우게 된다.

중국 정부의 수뇌는 이런 점을 인식한 상태에서 미군의 북한 주둔에 동의할 것이다. 게다가 중국의 군부와 정부는 지금 부시 정권에 위협을 당하고 있다. 중국에 대한 부시 대통령의 기본적인 자세는 전임자인 클린턴 대통령과는 완전히 달라서 힘을 사용해서라도 원하는 것을 강요한다는 식이다. 부시 정권은 이미 중국의 정치나 군인에 대해 위협을 가하고 있다. 미국의 군부는 부시 대통령의 이런 중국정책에 완전히 동의하고 있다. 원래 국방성은 지금까지도 중국에 대해서는 힘을 바탕으로 상대해 왔다.

1999년 동유럽 유고슬라비아의 수도 베오그라드에 있는 중국대사관이 미국의 폭격을 받은 일이 있다. 그때 베오그라드의 중국대사관은 미군의 군사행동에 반대하여 밀로소비치 대통령을 도와 반미 정보센터 역할을 담당하고 있었다. 중국대사관의 지하에 있던 그 정보센터가 미군의 폭격을 받은 것인데 이때 미군은 '실수였다'고 해명했다. 하지만 실제로는 미군의 '보이지 않는' 스텔스폭격기 B2가 중국대사관 상공까지 날아가 폭탄을 정확하게 명중시킨 것이다.

어쨌든 이제 중국군은 미국을 두려워하고 있으며 미군이 시키는 대로 행동하게 되었다. 중국군의 간부는 아프가니스탄전쟁에서 사용된 IT를 구사한 미국의 현대병기에 깜짝 놀랐다. 그 결과 중국 군부나 지도자는 미국의 북한 주둔에 대해 반대하기는커녕 비판적인 말조차 할 수 없는 상태에 놓였다.

"중국은 북한을 완전히 버렸다."

백악관에 있는 내 친구는 그렇게 말했는데 중국은 미군의 주둔에 의해 북한에 대한 영향력을 완전히 잃는다 해도 어쩔 수 없다고 생각하고 있는 듯하다.

일본인 대부분은 언제부터인지 중국군이 강하다는 그릇된 사고방식에 사로잡혀 있다. 그러나 중국군은 300만이라는 지상병력을 보유하고 있지만 무기류는 낡았고 전력으로 보면 2류에 속한다. 해군이나 공군은 전력 면에서 일본의 자위대보다 훨씬 더 약하다.

물론 한때 중국의 군사력이 전세계를 놀라게 만든 적이 있다. 징기스칸은 멀리 유럽까지 기병군단을 이끌고 달려가 전투를 벌여 유럽인들을 놀라게 했다. 일본에도 해군력을 바탕으로 공격해 왔지만 나중에 가미가제(神風)라고 불리는 태풍 때문에 퇴각했다.

하지만 역사적으로 보면 중국군은 중국 국내에서의 전투는 별개로 치고 국제적으로 보았을 때 그다지 특별한 힘을 가지고 있지 않다. 특히 해군력이 약하다. 16세기 말부터 17세기 초에 걸쳐 중국의 연안지방은 북쪽에서부터 남쪽의 해남도 부근까지 일본의 해적에 의해 유린당했다. 유럽의 옛 지도를 보면 일본의 해적이 중국의 연안 각지를 습격하여 약탈을 했다는 명백한 사실을 확인할 수 있다.

굳이 이런 역사를 되짚어볼 필요도 없이 중국은 자신의 군사력으로 세계 각국을 위협한 적은 거의 없다. 주변 지역에서조차 자신의 힘으로 안전을 지킨 적이 없다. 20세기 후반으로 접어들어 중국군의 힘이 과대 평가를 받게 된 이유는 한국전쟁에서 미국의 정예부대를 퇴각시킨 것과 베트남전쟁에서의 전투 때문이었다.

그러나 지금 강력한 미군이 한반도를 북상하여 평양을 비롯한 북한의 도시나 군사시설을 점령한다고 해도 중국은 아무런 행동도 취할 수 없을 뿐 아니라 반대조차 할 수 없을 것이다. 그뿐 아니라 일본이나 러시아의 힘을 생각하고 오히려 미군이 북한을 점령해주는 쪽이 중국의 안전보장에 훨씬 더 도움이 된다고 생각할 것이다.

어쨌든 중국은 북한을 버리고 한반도를 자신의 세력권 안에 두는 것을 포기해야 할 상황에 놓였다. 그런 상황은 중국이 현재 보유하고 있는 실력으로 볼 때 당연하다. 일본은 아시아 극동지역의 세력분포를 생각할 때 중국의 힘을 과대 평가하는 태도를 버려야 한다.

미국이 북한에 주둔하면 그런 중국의 힘을 과대 평가하던 경향이 사라질 것이다. 미군이 일단 북한으로 진출하게 되면 꽤 오랜 세월에 걸쳐 주둔하면서 북한에 안정된 정권을 만들기 위해 노력할 것이다.

제5장

중국은 부시를
두려워하고 있다

동차이나해에 미사일잠수함이
배치되었다

1

미 해군 수뇌부는 2002년 봄, 국방성에서 중대한 전략회의를 개최했다. 이 회의에는 해군 작전부장을 비롯하여 잠수함대사령관, 제7함대 사령관, 그리고 제1함대 사령관 등 미 해군의 수뇌부들이 대거 참석했다. 회의가 시작되자 해군 작전부장은 미 해군의 주력인 트라이던트(Trident: 대형 원자력잠수함)형 미사일잠수함을 개조하여 크루즈미사일을 탑재할 수 있도록 만들고 싶다고 제안하면서 이렇게 말했다.

"개조한 잠수함을 중국 연안으로 실전 배치하겠습니다."

이 제안에 대해 회의가 이루어졌고, 그 결과 미 해군은 트라이던트형 미사일잠수함 28척 중에서 4척을 개조하여 크루즈미사일을 탑재하여 2003년 동차이나해에 실전 배치하기로 했다.

　트라이던트형 미사일잠수함은 미국 핵 전력의 중심이다. 수중 속도 30노트, 전체 길이 200미터, 지구를 파괴할 수 있을 정도의 강력한 핵미사일 24발을 탑재하고 있다. 트라이던트형 미사일잠수함의 최신 기종은 오하이오 클래스라고 불리며 냉전시대에는 미 해군의 꽃으로 여겨졌다. 그러나 냉전이 끝나고 적국인 소련이 거의 무장해제되어버린 지금, 공격해야 할 상대가 사라지자 미 해군은 현재 보유하고 있는 28척의 트라이던트형 미사일잠수함을 어떻게 처리해야 할지 고민에 빠졌다.

　이런 상황에서 미 해군이 발견한 새로운 적은 중국이었다. 하지만 핵 강국이었던 소련과 달리 중국을 공격하려면 핵미사일만으로는 충분하지 않다. 다른 무기도 탑재해야 했던 것이다. 그 때문에 미 해군은 오하이오 클래스의 트라이던트형 미사일잠수함 4척을 일부 개조하여 걸프전 등에서 위력을 보인 크루즈미사일을 탑재하기로 했다.

　미 해군은 GE 등의 조선업자에게 명령하여 잠수함의 중앙 2열에 걸쳐 세로로 장착되어 있던 24기의 트라이던트 핵미사일 중의 절반인 12기를 개조하여 각각 7발씩의 크루즈미사일을 탑재할 수 있도록 했다. 미사일 개조 경비는 모두 35억 달러, 3년 동안에 걸쳐 공사가 이루어진다.

원래 트라이던트 핵미사일은 길이 44.6피트, 무게 13만 파운드인데 개조된 이후에 탑재되는 크루즈미사일 토마호크는 길이가 그 절반이며 무게는 4분의 1정도다.

개조된 오하이오 클래스 잠수함은 바다 속에서 미사일을 발사하는데 각각 한 개의 발사통에 장착되어 있는 7발의 크루즈미사일은 한 발씩 발사된다. 4척의 크루즈미사일 개조 공사는 2002년 11월부터 2005년 10월까지 3년에 걸쳐 이루어지는데 최초로 개조되는 잠수함 오하이오는 2003년 10월 실전 배치되어, 동차이나해의 바다 속에서 중국의 도시와 기지를 노리게 된다. 크루즈미사일의 가장 큰 장점은 바다 속 깊은 곳에서 몇 발이나 연속적으로 발사할 수 있다는 것이며, 미국은 중국 연안의 어느 지역에서든 중국을 공격할 수 있다.

미사일잠수함은 연료를 보급받지 않고 지상 사령부와의 통신도 하지 않은 채 90일 동안 바다 속 깊은 곳에 숨어 있을 수 있다. 이 미사일잠수함의 공격능력은 엄청나다. 12발의 핵미사일 중의 한 발이 히로시마에 투하된 원자폭탄의 20배에 이르는 핵탄두를 10개 탑재하고 있으며 그 10개가 각각의 목표를 향하여 날아간다. 이 잠수함의 공격력은 지금까지도 세계 최대 사상 최강의 파괴력을 가지고 있었지만 앞으로는 더욱 개조된 12발의 미사일 발사통에 각각 7발씩의 크루즈미사일이 탑재되어 합계 84발의 크루즈미사일이 바다 속 깊은 곳에서 중국 각지를 공격할 수 있게 된다. 이 새로운 미사일잠수함은 SSGN이라고 불리며 미국의 중요한 전력이 된다. 미국은 2002년 7월에 플로리다 앞 바다에서 이 새로운 토마호크의 시험발사를 실시, 성공을 거두었다.

이 새로운 잠수함의 책임자인 브라이언 와그너 대령은 이렇게 말했다.

"하나의 발사통에 7기를 탑재한 크루즈미사일을 바다 속에서 한 개씩 순조롭게 발사하는 데 성공했다."

그 밖에도 미 해군은 공격형 잠수함 로스앤젤레스에도 크루즈미사일을 장착하는 계획을 추진하고 있다. 미사일잠수함의 전력으로 볼 때, 미국은 완전히 새로운 시대로 접어들었다고 말할 수 있다.

미국 과학의 진수를 모아놓은 SSGN은 이제 곧 실전에 배치될 것이다. 네 척 중에서 두 척이 중국 연안의 바다 속에 몸을 숨기고 365일, 24시간, 중국의 도시와 군사목표를 공격하기 위해 대기하게 된다.

이것은 중국의 입장에서 볼 때 전율할 만한 사태다. 미 해군의 담당자가 스위치 한 개를 누르는 것만으로 중국 본토가 결정적인 공격을 받아 파괴되어버리는 것이다.

트라이던트형 미사일잠수함을 크루즈미사일과 핵미사일의 혼

합형으로 만들어 1년 내내 중국을 노린다는 미국의 새로운 전략에 의해 중국은 심각한 상황에 놓이게 되었다. 미국과 중국의 관계는 개조된 오하이오 클래스 잠수함의 실전배치에 의해 결정적으로 바뀐 것이다. 이제 미군은 세계 최대 역사적으로 전례가 없는 강력한 군사력을 이용하여 중국을 언제든지 붕괴시킬 수 있다. 국제사회에 새로운 상황이 도래했다고 말할 수 있다.

미군은 지금까지 억제력이라고 칭하는 강력한 군사력을 유지하면서 소련이 독단적으로 군사력을 행사하려 하는 경우에는 실력을 바탕으로 그 시도를 막아 왔지만 중국의 군사력을 제압하려면 지금까지는 중국 본토에서 멀리 떨어진 군사기지에서 미사일이나 항공기를 날려야 했다.

미군은 냉전시대에 세 종류의 핵 전력을 유지하면서 소련을 표적으로 삼았다. 그 세 종류 중의 하나가 미국 전지역에 배치되어 있는 전략폭격기 B52였다. 두 번째는 미국의 최신 전략미사일 미니트먼이다. 그리고 나머지 하나가 트라이던트미사일을 탑재한 잠수함대다.

'세 개의 기둥'이라고 불리는 미국의 핵 전력은 매우 강력해서 미국에 대한 적을 충분히 격파할 수 있는 능력을 가지고 있었다. 하지만 미니트먼미사일이나 B52 전략부대는 실제로는 분쟁지역으로부터 멀리 떨어져 있는 후방인 미국 본토에서 발사해야 했다. 그 때문에 소련과의 사이에 긴급사태가 발생했을 때에는 대응하는 데 상당한 시간이 필요했다.

그러나 트라이던트형 잠수함에 크루즈미사일을 탑재하여 중국 연안의 바다 속 깊은 곳에 실전 배치하게 되면 미국은 무슨 일이 있을 때 즉시 중국을 공격할 수 있다. 바꾸어 말한다면 중국은 1년 내내, 미국의 미사일 위협 아래에 놓이게 되는 것이다. 상하이나 베이징 등 주요 도시가 언제 미국의 미사일공격을 받게 될지 예측하는 것조차 어렵다. 중국 정부는 지금까지는 겪어본 적이 없는 무서운 군사적 압력 아래에 놓이게 되었으며 정치적으로도 매우 불안정한 상황에 놓이게 되었다.

미국은 왜 중국을 적대시하는가

2

부시 대통령은 2002년 연두교서에서 악의 축으로서 이라크, 이란, 북한을 거론했는데 사실은 중국도 포함시키고 싶었을 것이다. 그렇다면 왜 중국을 악의 축에 포함시키고 싶어하는 것일까. 중국이 그렇게 위험한 국가인가. 미국은 왜 이렇게까지 중국을 적대시하는 것일까.

부시 대통령은 중국 정부가 북한이나 이란, 이라크의 대량파괴 무기제조를 도와주고 있기 때문에 세계에서 가장 위험한 국가라고 생각하고 있다. 미 해군이 크루즈미사일을 발사할 수 있는 원자력잠수함을 중국 연안에 배치하고 언제든지 공격할 수 있는 태세를 갖추려 하는 이유는 그런 위험에 대비하기 위해서다.

중국에 대한 부시 대통령의 이런 사고방식은 중국이 공산주의 국가이며 외국과는 항상 대립하는 자세를 취하고 있기 때문이다. 그뿐 아니라 부시 대통령은 중국이 군사정책상 미국을 적대시하고 있다고 생각하고 있으며, 중국의 자원과 군사력은 기본적으로 미국의 세계전략에 매우 위험하다고 믿고 있다.

일본인들은 중국 경제가 거대해지자 중국과 전쟁 등의 반목보다는 사이좋게 지내는 것이 바람직하다고 생각했다. 이것은 평화가 바람직한 것이며 비즈니스를 확대하려면 어떻게든 외국과 사이좋게 지내는 것이 바람직하다는 사고방식에 근거를 두고 있다. 하지만 부시 대통령이나 미국의 지도자들은 다른 견해를 보인다. 중국 경제가 거대해지고 힘이 갖추어지면 중국의 공산주의체제는 더욱 위험해질 것이며 그 위험에 대항하려면 맞서 싸워야 한다는 사고방식이다.

그건 그렇고 중국의 경제력은 무서운 속도로 확대되고 있다. 2002년 11월에 개최된 제16회 중국 공산당대회에서 무역책임자는 다음과 같이 말했다.

"2020년에 중국의 무역액은 합계 2조 달러에 이를 것입니다. 2조 달러는 놀라운 숫자입니다. 비즈니스맨이나 정부가 전혀 관여하지 않는 상황에서 중국의 경제력이 비약적으로 증가하고 있다는 사실을 잘 보여주고 있습니다."

미국의 어느 투자회사 분석가는 다음과 같은 리포트를 내게 보내왔다.

"중국 경제는 지금 질적으로 바뀌고 있습니다. 그 깊이와 폭이 모두 증가하고 있습니다."

미국의 경제전문가인 그는, 중국이 양복이나 신발을 만드는 후진국형 경제에서 컴퓨터나 자동차를 만드는 경제대국으로 질적으로 변화하고 있다고 판단한다. 통신망이나 도로 개발이 추진되고 있으며 교육의 질도 매우 충실하여 '깊이와 폭이 모두 증가하고 있다' 고 표현한 것이다.

일본인의 경우 중국과 더욱 사이좋게 지내야 한다고 생각하여 중국시장으로 진출하기 위해 노력하지만 미국의 지도자는 반대로 생각한다. 중국 경제가 거대해진다는 것은 중국 공산당의 세력이 강화된다는 의미이며 이것은 매우 위험한 현상이라는 것이다. 이것은 미국이 중국 정부, 즉 중국 공산당을 인정하지 않기 때문에 발생하는 사고방식이다. 지금 이 상태로 중국 경제가 확대되면, 중국의 비민주적인 사회나 정치는 전세계에 커다란 위협이 될 것이라고 생각하는 것이다.

미국이 중국을 적대시하는 가장 큰 이유는 민주화가 추진되지 않는 상황 속에서 중국 경제가 지나치게 거대해지면 세계의 안정에 매우 위험하다고 생각하기 때문이다. 부시 정권은 중국이 초래할 그런 위험을 미리 방지하기 위해 중국을 정치적으로 약화시키려 하고 있다.

미국이라는 국가는 기본적으로는 섬나라이며 자신의 섬 이외의 다른 지역에서 발생하는 문제에 대해 매우 신경질적인 반응을 보인다. 특히 멀리 떨어져 있는 장소에서 세계를 움직일 수 있는 거대한 힘이 성장하는 것을 극도로 경계하고 있다.

중국이 새로운 세력으로 대두하기 시작하면서, 미국은 얼마 지나지 않아 중국이 세계를 지배할 수 있는 강력한 힘을 가질 수 있게 되는 것이 아닌가 우려하고 있다. 이 우려가 중국에 대한 적대의식과 연결된다.

일찍이 제1차 대전 때 미국은 거대화되는 독일을 억제하기 위해 프랑스와 영국의 편에 서서 참전했다. 경제적으로는 아무런 이익도 없는데 막대한 손해를 감수하면서 '정의'로운 개입을 단행한 것이다. 그 이유는 유럽에서 독일이 힘을 갖추고 그 힘이 거대해져 미국을 적대할 수도 있는 상황을 경계했기 때문이다.

제2차 대전 때 미국은 일본의 힘이 강화되는 것을 경계히어 대일 전쟁을 시작했다. 미일전쟁의 계기가 된 진주만에 대한 일본군의 공격에 대해서는 여전히 다양한 견해가 존재하여 그 어느 것이 정확한 것인지 결정하기는 어렵다. 하지만 객관적인 정세를 살펴보면 루스벨트 대통령은 아시아에서의 일본의 세력확대에 대해 심각하게 걱정하고 있었다. 그의 본심은 분명히 일본을 격파할 수 있는 일이라면 무엇이든 할 수 있다는 것이었다. 그 결과 그의 목적대로 되었는지는 모르지만 어쨌든 일본은 진주만을 선제 공격했고 결국 미군에게 패배했다.

현재 미국과 중국의 관계는 그야말로 '역사는 되풀이된다' 는 표현이 잘 어울린다. 중국은 미국의 입장에서 볼 때 제1차 대전 때의 독일, 제2차 대전 때의 일본과 마찬가지다. 즉, 미국과 중국의 대립은 국제분쟁의 거대한 기둥으로서 더욱 격렬해질 것이다.

하지만 그렇게 되려면 많은 시간이 걸린다. 현시점에서 확신을 가지고 중국을 적대시하고 있는 것은 부시 대통령과 그 수뇌부들뿐으로 미국인들 대부분은 중국을 그다지 적대시하지 않는다. 또한 중국의 군부나 지도자들도 현재 자신들의 힘이 미국에게 위협이 된다고는 생각하지 않는다. 그 때문에 미국과 중국의 무역관계에서 중국이 압도적으로 유리하게 막대한 대미무역흑자를 올리고 있는데도 불구하고 미국과 중국 사이에 무역마찰 문제가 발생하지 않는 것이다.

일찍이 미국은 일본에 대해 일본의 무역흑자가 증가할 때마다 공격을 강화하며 시장개방을 요구해 왔다. 하지만 중국과의 무역적자가 압도적으로 증가하고 있는데도 미국 정부는 엄격한 시장개방을 요구하지 않고 있다.

이 점에 대해 재계의 어느 지도자는 내게 이렇게 말했다.

"중국에 대한 미국의 무역적자는 급속도로 증가하고 있습니다. 하지만 미국 정부는 중국에 대해 무역적자를 줄여 무역균형을 개선하려는 요구는 하지 않습니다. 이것은 주목할 만한 문제입니다. 국제적인 상식으로 본다면 있을 수 없는 일이지요."

미국이 중국에 대해 무역적자 해소를 요구하지 않는 가장 큰 이유는 중국이 무역흑자를 아무리 증가시킨다 해도 현시점에서는 미국을 위협할 수 있는 대공업국가가 될 위험은 없다고 판단하기 때문이다.

또 한 가지 이유는, 미국 국민들 중 중국과 비즈니스를 하고 있는 사람은 재계의 불과 10%에 지나지 않으며 미국 국민들 대부분은 중국이 어떻게 변하든 미국과는 상관이 없다고 생각하고 있기 때문이다.

그러나 부시 정권의 중국에 대한 적대정책은 21세기의 세계를 움직이는 거대한 정치적 동향 중의 하나가 될 것이다. 문제는 그런 적대정책의 내용이 아직 단 한 가지도 분명하게 드러나지 않고 있다는 점이다.

미국과 중국의 관계는
어떻게 변할 것인가

3

2002년 7월 초 미국 서해안의 펜사콜라에 있는 미 해병대 제1원정여단은 장거리 침입작전 훈련을, 그것도 야간에 실시했다. 이때 미 해병대 제1원정여단은 펜사콜라에서 헬리콥터에 옮겨 타고 300킬로미터가 넘는 내륙부에 침입했다. 지금까지는 볼 수 없었던 해병대의 이 장거리 침입작전은 미군이 중국 오지로 침입하는 상황을 가정한 것이었다.

미국 정부는 앞으로 중국 국내가 불안정해지고 지방의 주민들이 중국으로 진출한 미국 기업을 습격하거나 지방의 군인이나 경찰이 미국 기업을 방해할 가능성이 있다고 보고 그런 상황이 발생했을 때에는 미군이 실력으로 처리해야 한다고 생각하고 있다.

미국은 중국이 가장 두려워하는 중국 내부로의 직접적 군사개입을 통해 미국 기업을 지켜야 한다고 생각하는 것이다.

뒤에서 자세히 설명하겠지만 미군의 수뇌부는 중국군을 아프리카의 군대와 비슷하다고 생각하고 있다. 미군은 마음만 먹으면 중국군을 실력으로 충분히 제압할 수 있다고 생각하고 있으며 중국 국내로의 군사적 개입도 있을 수 있다고 판단하고 있는 것이다. 이런 사태를 가정한 군사훈련은 당연히 중국을 자극한다. 그러나 부시 정권은 중국을 믿고 있지 않으며 어디까지나 자기들의 힘으로 경제활동을 지키려 하고 있다.

이런 사고방식은 클린턴 대통령과는 전혀 다르다. 클린턴 정권은 중국과 우호관계를 유지하는 것이 미국의 경제적 이익과 연결된다고 생각했다. 그 때문에 클린턴 대통령은 중국과 손을 잡고 대통령으로서는 역사상 보기 드물 정도로 긴 기간에 걸쳐 미국을 비워놓고 가족과 함께 중국 여행을 다녀왔다. 중국에서는 지금도 중국인 비즈니스맨과 포옹하고 있는 클린턴 대통령의 사진을 볼 수 있다.

하지만 부시 대통령은 그와는 정반대로 행동한다. 2002년 10월 25일 텍사스주 클로포드에 위치한 부시 대통령의 자택에서 장쩌민 주석과 부시 대통령의 정상회담이 개최되었다. 이 정상회담의 내용은 공식적으로는 발표되지 않았는데 워싱턴의 정치소식통들의 일치된 견해는 부시 대통령이 장쩌민 주석을 강하게 협박했다는 것이다. 부시 대통령은 왜, 그리고 무슨 문제로 장쩌민 주석을 협박한 것일까.

중국의 군부를 비롯한 보수파 인물들은 중국이 경제적으로 대국이 되어감에 따라 아시아의 초대국이 되었다는 자만에 빠져 있다.

부시 정권의 수뇌부는 내게 이런 말을 한 적이 있다.

"우리가 가장 관심을 가지고 있는 부분은 앞으로 중국이 어떻게 될 것인가 하는 점입니다. 지금 우리는 일본에는 전혀 관심이 없습니다."

영어식 표현을 빌리자면 일본은 '아웃', 중국이 '인' 이라는 것이다. 미국뿐 아니라 세계인들은 계속 인구가 증가하고 경제가 1년에 몇 퍼센트로 확대되고 있는 중국이 언젠가 아시아의 초대국이 되어 경제적·군사적으로 아시아를 이끌어나갈 것이라고 생각하고 있다. 중국의 군인이나 젊은이들은 중국이 아시아에서 가장 강한 국가이며 미국과 대항할 수 있다고 믿고 있다.

최근에 중국을 방문한 일본인들 대부분은 중국의 군인이나 젊은이들이 자신감에 차 있으며 일본인을 깔보는 느낌을 받았다고 말한다. 이런 중국인들의 단순한 사고방식은 미국과의 관계에도 그대로 드러난다.

미국의 보수적인 군인이나 젊은이들은 "미국의 힘은 앞으로 약화될 것이다. 미국이 최강이라는 말을 듣고 있는 동안에 세계에서 고립되어버렸다"고 생각하고 있는 듯하다. "하지만 중국은 새로운 세력의 대표로서 힘을 증가시키고 있으며 세계에서 중요한 입장을 확립하게 될 것이다."

부시 대통령은 중국인의 이런 사고방식에 쐐기를 박았다. 부시 대통령이 장쩌민 주석에게 무슨 말을 했는지는 분명하지 않지만 '미국이 강력한 군사력을 사용하면 언제든지 중국을 굴복시킬 수 있다. CIA 등의 힘을 이용하면 중국을 분열시키는 것은 간단한 일이다' 라는 의미의 말을 했을 것이라고 예상할 수 있다.

이런 말투는 국제적인 예의나 규칙에는 위반되지만 텍사스의 카우보이인 부시 대통령의 입장에서는 충분히 할 수 있는 말이다. 지금까지도 장쩌민 주석과 중국 정부는 부시 정권에 의해 몇 번이나 고통을 맛보았다.

2001년 4월 1일 해남도 부근에서 중국의 전투기가 미국의 정찰기에 부딪혀 추락하여 정찰기를 강제로 착륙시킨 사건이 있었는데, 이때 '전쟁'을 주장하는 워싱턴 강경파의 요구에도 불구하고 부시 정권은 아무런 행동에도 나서지 않았다. 하지만 그 이후가 냉엄했다.

부시 정권은 중국에 대한 모든 첨단기술 판매를 금지시킴과 동시에 전략적인 중요 물자 및 특수한 컴퓨터나 레이더의 판매도 일절 금지시켜버렸다.

부시 정권의 전임자인 클린턴 정권은 모든 면에서 중국이 원하는 대로 행동했다. 클린턴 정권은 중국에 대해 미사일기술 중에서 가장 중요하다고 알려져 있는 로켓의 3단분리 기술과 자세제어 기술을 너무나 간단히 팔아 넘겼고, 그 결과 중국은 미사일기술을 대폭 개선시켜 미사일 대국으로서의 입장을 확립했다.

하지만 부시 정권은 클린턴 정권과는 전혀 다른 중국정책을 취했다. 중국은 미국으로부터 첨단기술을 간단히 매입할 수 없게 되었다. 새로운 무기의 개발이 어려워졌고 무기개발을 위해 막대한 경비를 들이게 되었다. 부시 정권과 중국 정부 사이에는 긴장이 이어지게 되었다. 적대관계라고는 표현하기 어렵지만 우호관계는 아니다.

그 가장 큰 이유는 이미 설명했지만 중국이 부시 정권의 입장에서 볼 때 허용하기 어려운 이데올로기인 공산주의에 의해 움직이고 있기 때문이다. 종교를 인정하지 않는 공산주의의 가치관을 부시 정권은 결코 허용하지 않는다.

부시 정권의 이런 냉엄한 자세에 대해 중국의 군부나 젊은이들이 반발을 일으키는 것은 당연하다. 미국과 중국의 관계는 앞으로 점차 적대적인 색깔을 강화해 나갈 것이라고 예상할 수 있다.

한편 비즈니스에서의 관계는 일반적인 상태가 유지될 것으로 보이지만 여기에서도 우호관계는 있을 수 없다. 미국 경제계는 중국과의 관계를 단번에 확대시키려 하지는 않는다. 중국 경제가 아무리 거대해진다고 해도 현재 상태의 관계를 유지할 것이다.

미국과 중국의 경제관계는 그다지 거대한 편이 아니다. 미국 경제계의 10% 정도가 중국과 관련을 가지고 있는데 이것은 일본 경제계의 주류가 중국 경제와 연관되어 있다는 것과 비교하면 엄청난 차이다.

미국 경제인은 중국과의 거래가 아무리 바람직하게 추진된다고 해도 비즈니스를 통하여 거두어들인 이익을 중국 외부로 간단히 가지고 나올 수는 없다고 생각한다. "중국과의 비즈니스에서는 이익이 별로 없다"고 생각한다. 따라서 미국 경제계와 중국의 관계는 급속도로 확대되지 않을 것이다. 게다가 미국의 입장에서 보면 중국 경제는 아직 새로운 것을 만들어낼 능력이 없다. 기술 면에서 보면 미국과 충돌할 수 있을 정도의 힘이 없다.

한편 군사적인 관계는 비즈니스 관계보다 너욱 소원히다. 미국은 중국이 300만 명의 지상군을 보유하고 있으며 전세계에서 손꼽을 수 있을 정도로 강력하다는 사실을 잘 알고 있다. 그러나 IT를 구사하는 군사력은 전혀 존재하지 않는다. 매우 뒤떨어진 낡은 군사력만 보유하고 있기 때문에 '아프리카의 군대와 같다'는 평가를 내린다. 펜타곤에 있는 수뇌부는 내게 이렇게 말했다.

"중국은 인해전술에 적합한 거대한 병력을 유지하고 있습니다. 하지만 비행기, 군함, 전차 등을 포함해도 아프리카 군대가 보유하고 있는 능력과 비슷한 정도입니다."

그러나 미국은 몇 번이나 중국으로부터 군사적으로 뼈아픈 고통을 맛보았다. 한국전쟁에서는 막대한 인해전술에 부딪혀 최전선에서 수많은 부상자를 낳았다. 베트남에서는 직접적으로 전투를 벌인 경우는 거의 없었지만 베트남군을 지원한 중국군의 보급 능력 때문에 큰 손해를 보았다. 이런 점에서 대부분의 군인들은 '아프리카의 군대와 같다'고 경멸하면서도 그런 한편으로 중국에 대해 일종의 두려움을 가지고 있으며 인민군과는 다시는 전면적으로 대결하고 싶지 않다고 생각한다.

그러나 막상 전쟁이 벌어진다면 IT, 새로운 기술을 이용한 전쟁이 된다. 이런 점에서 생각하면 중국군은 전혀 두려운 존재가 아니라는 것이 미군 관계자의 결론이다. 미국과 중국은 군사적으로 긴장된 상태가 계속 이어질 테지만 결국 미국이 일방적으로 강한 힘과 영향력을 보이게 될 것이다.

미국과 중국의 군사적인 대결은 대만문제를 둘러싸고 발생할 것이다. 2002년 11월 부시 대통령은 중국의 새로운 정권에 대해 "대만을 독립시키지 않겠다"고 말했지만 그와 동시에 "중국이 대만을 점령하여 통일시키려 하는 데에는 전면적으로 반대한다"고 밝혔다.

"부시 정권은 군사력을 사용해서라도 대만을 지킬 것입니다."

부시 정권의 군사 참모인 국방정책회의의 펄 의장의 말인데 미 의회의 보수파를 비롯한 부시 정권의 지지자들은 중국이 대만을 점령하는 데 정면으로 반대하고 있다.

그러나 국내에서 사회적인 불안이 심화되면 중국 군부나 지도 자는 국민의 관심을 대만으로 옮겨 국내의 대립이나 소동을 피하 려 할 것이다. 그렇게 되는 경우에는 중국 국민의 관심이 대만으 로 집중되고 대만 점령의 움직임이 강화될 것이다. 더구나 대만 출신의 대만인들이 더욱 강하게 대만 독립을 요구하고 있다. 그 어떤 경우이든 미군이 관여될 수밖에 없다.

그다지 머지 않은 장래에 미국과 중국은 대만을 둘러싸고 긴장 상태가 한층 더 높아질 테고 상황에 따라서는 상당한 혼란이 발 생할 수도 있다. 그렇다면 언제 그런 사태가 발생할 것인가. 미국 의 전문가들 중에는 '10년 이내'라고 예측하는 사람이 있다.

대만을 둘러싼 미국과 중국의 관계는 앞으로 점차 긴장이 고조 될 텐데 부시 정권이 2004년에 재선되는 경우에는 그 긴장은 더 욱 고조될 것이다. 그런 긴장 속에서 중국은 2008년의 올림픽, 그 리고 2010년의 만국박람회를 성공시키기 위해 미국과의 관계를 어떤 식으로 우호적으로 유지할 것인가, 군부나 젊은이들을 어떤 식으로 움직일 것인가 하는 것이 매우 중요한 문제로 대두될 것이다. 그러나 한편으로는 대만 출신의 대만인들이 독립을 요구하는 움직임에 나설 가능성도 매우 높다. 또 세계적으로 보면 중국은 유럽의 독일이나 프랑스와의 관계가 매우 깊어 미국과의 관계를 손상시키는 실수를 저지를 가능성이 매우 낮다.

어쨌든 일반적인 견해와는 전혀 달리, 중국의 경제가 거대해질수록 미국은 경계하는 자세를 강화할 것이다. 그리고 중국의 군사력 증강에 대해서는 미국의 힘으로 제압한다는 정책을 명확하게 할 것이다.

제6장

중국은 두렵지 않다

미국은 중국 경제의 크기를
두려워하지 않는다

1

2002년 10월 10일, 통상 문제의 미국 총책임자가 된 로버트 조릭 통상대표를 만났다. 그날 워싱턴은 폭풍우에 가까운 엄청난 비가 내려 아침부터 교통이 심각한 정체현상을 보였는데 조릭 대표는 약속대로 오전 8시 30분에 인터뷰 장소인 미국 통상대표부에 모습을 나타냈다.

미국 통상대표부는 백악관의 사무국이라고도 말할 수 있는 OEB, 구 행정부 빌딩과 길 하나를 사이에 두고 서쪽에 위치해 있다. 통상대표부는 부시 정권의 스탭들이 모두 들어가 있는 백악관에서 물리적으로 떨어진 장소에 있는데 정치적·행정적으로도 독립해 있다는 소문이 강하다. 새로운 통상대표가 된 로버트 조릭은 부시 정권 안에서 독립된 권한과 정치력을 가지고 있기 때문이다. 그는 자신의 사고방식에 근거하여 부시 정권의 무역정책을 추진하고 있다.

로버트 조릭 통상대표는 매우 바쁜 사람이기 때문에 미국의 텔레비전에도 거의 모습을 드러내지 않는다. 그래서 그의 오랜 친구이자 정치평론가인 로버트 노박에게 부탁했더니 인터뷰에 응해 주었다.

그날 인터뷰의 주제는 일본 금융시장의 자유화와 미국 경기의 전망이었다. 그 자신이 얼마 지나지 않아 중국을 방문할 계획이 잡혀 있었기 때문인지 인터뷰에 들어가기 전, 카메라가 돌아가기 전에 중국에 대한 이야기를 꺼냈다.

그가 한 차례 중국 시장의 크기와 미국 자본의 진출 등에 대해 설명한 뒤에 나는 평소의 생각을 이야기했다.

"그 말씀처럼 미국과 중국의 무역은 급속도로 증가하고 있습니다. 하지만 미국이 수입만 할 뿐 수출은 거의 없어 무역적자가 증가하고 있는데 무역마찰에 관한 이야기가 선혀 나오지 않는 이유는 무엇입니까?"

미국에 대한 중국의 무역액은 2002년에 연간 800억 달러에 이를 것이라고 예상되어 일본을 추월할 기세다. 하지만 미국은 일본을 대할 때와는 달리 중국에 시장 확대나 무역차액 해소 등을 그다지 요구하지 않고 있다.

이 점에 대해 질문한 것인데 그는 이렇게 대답했다.

"중국이 미국에 수출만 하여 미국에 아무리 무역적자가 발생한다고 해도 우리는 걱정하지 않습니다. 중국이 미국으로부터 벌어들인 돈을 사용하여 새로운 기술이나 제품을 만들 우려는 전혀 없으니까요."

자연스런 말투였지만 조릭 통상대표의 이 말은 부시 정권뿐 아니라 미국인들이 기본적으로 가지고 있는 중국에 대한 견해인 듯하다. 중국이 아무리 많은 수출을 해서 미국으로부터 달러를 대량으로 거두어들인다 해도 결국에는 현재 고통을 받고 있는 국민들의 생활을 풍요롭게 만들 뿐으로 미국에 대항할 수 있는 기술이나 제품을 만들어낼 능력은 없다고 생각하는 것이다. 그렇기때문에 조릭 통상대표는 "미국과 중국 사이에는 무역마찰 따위는 존재하지 않는다"고 말한 것이다. 1980년대 미국은 일본의 무역흑자에 국가적으로 총력을 기울여 맞섰다. 그것은, 일본이 미국의 달러를 거두어들이면 다시 새로운 기술을 개발하여 미국 경제를 궤멸시킬 수 있다는 우려 때문이었다.

중국 경제는 역사상 전례를 찾아볼 수 없을 정도의 기세로 급속도로 확대되고 있다. 2002년 세계경제가 축소되고 있을 때 GDP신장률은 8% 정도가 될 것이라고 전망되고 있다. 지금까지

10년 이상 7% 이상이라는 확대를 계속해 왔는데 이번에는 그 비율이 8%가 될 것이라는 말이다.

그 이유에 대해 월가의 전문가는 다음과 같이 말한다.

"지금까지 중국은 일용잡화를 중심으로 수출해 왔는데 컴퓨터나 자동차, 공작기계 수출로 이행하고 있습니다. 그 결과 중국 국민의 총생산은 2002년에 1조 달러를 넘어 미국의 10분의 1, 일본의 4분의 1이 될 것입니다."

이렇게 놀라운 속도를 보이고 있는 경제확대 상황 속에서 무역도 당연히 증가하고 있다. 더구나 미국에 대한 일방적인 수출이 증가하고 있음에도 불구하고 조릭 통상대표가 걱정을 하지 않는 이유는 중국의 힘 그 자체를 미국의 지도자들이 가볍게 보고 있기 때문이다.

조릭 통상대표의 이런 견해는 미국의 대부분의 지도자들의 사고방식을 반영하고 있다. 중국이 새로운 기술을 개발하여 세계경제에 강한 영향력을 가지게 되려면 아직도 많은 시간이 필요하다는 것이 미국 지도자들의 생각이다.

일본에서는 중국 경제의 엄청난 확대에 놀라면서 일본 경제가 정체되어 있다는 점 때문에 '중국을 두려워해야 한다'는 사고방식이 급격하게 강화되고 있지만 미국의 지도자들은 이렇게 말한다.

"중국은 일본과 비교해도 결코 두려운 존재가 아니다."

미국의 지도자들은, 중국이 이대로 확대를 계속하려면 너무 많은 문제를 끌어안고 있다고 생각한다. 내가 소속되어 있는 허드슨연구소의 허버트 론든 소장은 뉴욕에서의 최근 강연에서 다음과 같이 말했다.

"중국 경제는 역사적이라고 표현할 수 있을 정도의 속도로 확대되고 있습니다. 그러나 국내 전체의 상황을 살펴보면 이대로 일본을 추월하거나 미국에 도전할 가능성은 거의 없습니다."

허버트 론든 소장은 그 이유로 다섯 가지를 들었다.

첫째, 전국적인 교육수준이 미국이나 일본에 비하여 매우 낮다. 중국의 국민교육이 일본의 수준이 되려면 많은 시간이 필요하다. 중국은 국민교육에 총력을 기울이겠다고 말했지만 1995년 통계에서는 GDP의 2.5%에 지나지 않는다. 비율만으로 보아도 미국의 절반, 일본의 60% 수준에 지나지 않는다.

둘째, 중국 사회의 인프라스트럭처가 추진되어 경제 전체가 확대되고 있다고는 하지만 13억 명의 인구를 끌어안고 있으면서도 국내총생산은 미국의 10분의 1, 일본의 4분의 1에 지나지 않는다. 앞으로 급속도로 선진국과 같은 수준에 이르는 것은 무리다.

셋째, 중국은 세계 각국의 투자가를 초대하여 상하이와 베이징 주변, 그리고 홍콩 등의 지역을 안내하면서 투자를 요구하고 있다. 하지만 세계의 투자가들은 노동집약적인 산업보다 첨단기술

산업이 왕성해짐에 따라 중국 경제의 이점이 급속도로 추락할 것이라고 생각하고 있다.

넷째, 중국은 여전히 공산주의국가이며 공산주의적인 사고나 방식으로는 세계경제를 리드할 수 없다.

다섯째, 중국의 기업은 새로운 제품을 만들어 그것을 세계적으로 판매하는 시스템을 아직 가지고 있지 않다. 경제가 거대해진다고 해도 앞으로 그 기본적인 구조를 미국이나 일본으로부터 배워야 한다. 일본을 따라잡으려면 아직 많은 시간이 필요하다.

론든 소장은 이상과 같은 이유에서 중국이 세계경제를 리드하는 일류국가가 되려면 수십 년은 걸릴 것이라고 예측하고 있다.

한편, 월가의 전문가는 이미 설명했듯이 "중국 경제는 그 깊이와 폭이 모두 증가하고 있다"고 칭찬하고 있다. 중국 경제의 폭은, 경제 전체가 거대해지고 그 결과 비즈니스맨의 교육이나 관료들의 교육이 매우 나아졌다는 의미다. 상하이에는 비즈니스스쿨이 잇달아 문을 열고 새로운 매니저 세대를 만들어내려는 노력이 시작되었다.

중국 경제의 깊이는 지금까지 일용잡화 중심이었던 생산이 고급 가전제품이나 IT제품 생산으로 전환되고 있다는 의미다. 그러나 사회 전체로 보면 중국의 톱 기업은 양적인 면에서 아직은 매우 부족한 상황으로, 중국 전체라는 거대한 국토로 볼 때 그야말로 몇 개의 점에 지나지 않는다. 중국은 새로운 특수 기술이나 제품을 만들어내려는 수준에는 도달하지 못했다. 일류 경제국가가 되려면 상당한 시간이 필요하다.

세계 각국이 중국에 관심을 가지고 일종의 중국 붐이 일고 있기 때문에 수많은 사람들이 중국 경제는 세계 경제의 중요한 부분이 될 것이라는 착각을 가지고 있지만 미국의 지도자는 좀더 냉철한 견해를 보이고 있다.

그 가장 큰 이유는 중국의 경제가 30년 전의 일본과 마찬가지로, 모방경제에 지나지 않는다는 판단 때문이다. 하지만 30년 전의 일본은 모방에 전력을 기울였고 결국 1980년대 미국을 추월할 수 있을 정도로까지 확대되었다.

그러나 미국의 지도자는 30년 전과는 달리 IT시대의 과학기술 진보는 놀라울 정도로 속도가 빨라 중국이 모방을 통하여 미국을 따라잡는다 해도 미국은 간단히 중국을 제칠 수 있다는 자신감을 가지고 있다.

1990년대 초 IT가 화제가 되기 시작했을 즈음, MIT의 레스터 솔로 교수는 내게 이렇게 말했다.

"IT시대가 되면 기술 변화가 매우 빨라집니다. 모방을 하는 자가 새로운 기술을 따라잡는다 해도 잡힌 쪽은 IT를 풀 가동하여 열 걸음, 스무 걸음 이상 앞으로 달려나갈 수 있습니다."

과학기술의 발전이라는 측면에서 보면 중국은 제2의 일본은 될 수 없다는 것이 현실이며 미국의 지도자들은 그 점을 잘 알고 있다. 따라서 중국 따위는 전혀 두렵지 않은 존재라고 생각하는 것이다.

2002년 11월 미국의 유명한 투자회사가 상하이에 전세계 투자가들을 모아놓고 중국 경제에 대한 설명회를 개최했는데, 그때 투자회사의 중국 전문가는 다음과 같이 말했다.

"이곳에서 보는 중국의 풍경은 도쿄나 뉴욕보다 훨씬 더 호화롭고 화려하게 보입니다. 하지만 중국 경제가 확대를 멈추면 그 멋진 풍경을 지탱할 것은 아무것도 없습니다. 중국 경제는 단번에 무너져버릴지도 모릅니다."

이 설명회는 '그런 상황이 발생하더라도 손해를 보지 않으려면 어떻게 해야 하는가' 하는 것이 주제였다. 당시 어떤 애널리스트가 한 말을 옮겨보자.

"중국 경제가 확대를 멈추고 이 멋진 풍경이 내용이 없는 것이었다는 사실이 드러나면 중국인들은 틀림없이 미국 탓이라고 반미운동을 펼칠 것입니다."

미국의 경제전문가는 눈 깜박 할 사이에 완성된 상하이의 아름다운 풍경은 버블이라고 생각하고 있다. 그러나 상하이뿐 아니라 중국을 방문한 사람이라면 누구나 경험했을 테지만 중국의 지도자나 군인, 그리고 젊은이들은 중국의 경제적 발전은 자신들의 실력에 바탕을 둔 것으로 중국은 이윽고 세계를 이끌어갈 경제대국이 될 것이라는 강한 자부심을 가지고 있다.

미국의 애널리스트는 중국의 젊은이나 지도자를 오만하게 만들고 있는 상하이의 마천루가 눈 깜박 할 사이에 활력을 잃게 될 것이라고 예측하면서 그럴 경우 중국인은 미국 때문에 중국의 경제가 파탄에 이르렀다고 소동을 피울 것이라고 말하고 있다. 애널리스트의 이 말은 맹렬한 속도로 확대되고 있는 중국 경제도 사실은 미국의 손바닥 위에 놓여 있다는 견해에서 나온 것이다.

데이터를 살펴보면, 중국은 일본을 포함한 아시아 공업생산의 37%를 차지하고 있다. 더구나 성장률로 보면 2002년의 아시아 전체 성장률의 65%를 차지하고 있다.

이런 데이터가 세계인들이 중국을 두려워하게 만드는 원인으로 작용하고 있는데 미국의 어느 경영컨설턴트는 다음과 같이 말했다.

"중국 경제는 확실히 빠른 속도로 확대되고 있습니다. 하지만 크기만으로 본다면 인도나 아프리카도 마찬가지입니다."

미국의 지도자는 크기에 있어서는 중국을 전혀 두려워하지 않는 것이다.

미국의 IT전략이
중국군을 붕괴시킨다

2

2001년 4월 1일 동차이나해의 중국령 해남도 앞 바다 130킬로미터 남짓 떨어진 해상에서 중국군의 F8전투기가 미 공군의 신예 정찰기 EP13E와 충돌했다. 전투기는 추락해버렸지만 미군 정찰기에 큰 손해를 끼쳤다.

중국군의 전투기가 공해상에서 미군 정찰기에 충돌한 것이니까 그야말로 미국과 중국의 군사적인 충돌이다. 이날 나는 마침 미 태평양함대에 있었다. 젊은 사관과 점심식사를 하고 있었는데 미국과 중국의 전쟁이 발생할 수도 있다는 분위기는 어디에서도 느낄 수 없었다.

"중국군의 낡은 전투기가 미군 정찰기에 부딪혔다."

이런 정도의 반응이었다. 실제로는 미군의 정찰기가 영해를 무단 침범했기 때문에 중국군의 젊은 조종사가 몸을 던져 충돌한 것이라는 심각한 사태로는 전혀 받아들이지 않는 듯했다.

점심식사를 마친 이후 국방성의 고관들과 이야기를 나누었는데 그들의 태도는 매우 냉정했다.

"낡은 자전거를 탄 어린아이가 함부로 고속도로를 달리다가 스포츠카에 부딪친 것과 마찬가지입니다."

이런 말을 하는 고관도 있어서 미국과 중국의 대결이라는 신문의 표제어가 무색해질 상황이었다. 물론 미국 정부에서는 파월 국무장관이 중국에 사과를 요구했지만 박력은 그다지 실려 있지 않았다.

미군 지도자는 중국군의 군사력을 매우 낮게 평가하고 있다. 그 능력을 아프리카 수준이라고 생각한다는 점은 앞에서 설명했지만 미국에서 가장 존경받고 있는 군사문제 전문가인 제임스 슐레진저 전 국무장관은 내게 이런 말을 한 적이 있다.

"중국군은 막대한 국방비를 쏟아 부어 새로운 무기를 잇달아 개발하고 있지만 그 군사력은 미국의 미사일잠수함 한 척에도 미치지 못합니다. 핵무기를 별개로 친다면 근대전을 치를 수 있는 군사력은 일본이 훨씬 더 강합니다."

이런 기본적인 사고방식이 있기 때문에 전투기가 미군 정찰기에 부딪혔다고 해도 미국의 지도자들은 꿈쩍도 하지 않은 것이다. 허드슨연구소의 어느 연구자는 다음과 같이 말했다.

"중국군은 수적으로는 300만 명의 병력을 보유하고 있고 탱크나 비행기도 많이 갖추고 있습니다. 하지만 중국군의 장비는 매우 낡아서 일류 군사력과 호각을 이루고 싸울 수 있는 형편은 아니지요. 중국군은 국내의 데모를 진압하거나 치안을 유지할 수 있는 정도의 수준입니다."

그런 중국군이 미국을 상대로 싸움을 걸 리가 없다. 전투기가 부딪혔다고 해도 별것 아닌 문제라고 생각한 것이다.

미국이 중국군에 대해 이런 사고방식을 가지고 있는 이유는 두 가지가 있다. 우선, 중국군은 국경 밖에서는 어떤 적과 싸우든 병참과 보급 능력이 전혀 없다. 따라서 장거리를 이동해서는 싸울 수 없다. 그리고 중국군은 무기를 과학적인 것으로 개량하려 하고 있지만 모든 면에서 서방측 군대에 미치지 못한다. 코만도 컨트롤이나 전자작전, 정보수집 등에 컴퓨터를 대량으로 투입하여 모든 IT를 사용하고 있지만 대부분이 미국의 흉내를 내는 수준에 지나지 않는다. 미국으로부터 부정하게 매입한 것을 모방하는 수준인 것이다.

뒤처져 있던 중국군의 기술은 클린턴 정권이 첨단기술과 관련된 규제를 푼 이후에 급속도로 개선되었다. 클린턴 정권은 1993

년 수출기본법을 개정하여 중국에 수많은 기술을 수출한 것이다. 클린턴 정권은 냉전시기 공산주의국가에 군사기술 판매를 금지했던 COCOM을 실질적으로 해체했고 1996년에는 위성기술을 중국에 수출하기 쉽도록 하기 위해 라이센스업무를 국방성에서 상무성으로 옮기기까지 했다.

클린턴 정권의 이런 협력에 의해 중국의 미사일기술은 급속도로 진보하여 1998년에는 '장정(長征) 2C'를 쏘아 올리는 데 성공했다. 중국은 마침내 그렇게 염원하던 대륙간탄도탄 발사에 성공한 것이다.

중국은 1990년대 초부터 대륙간탄도탄 개발에 총력을 기울여 미국과 어깨를 나란히 함과 동시에 일본을 비롯한 동남아시아의 국가들을 위협할 수 있게 되었다. 대륙간탄도탄을 쏘아 올리기 위한 추진로켓 기술이 완성되어 언제든지 다른 미사일국가들과 어깨를 나란히 할 수 있다고 자부하게 되었지만 중국이 과학자를 총동원하여 노력해도 넘을 수 없는 장벽이 있었다. 대륙간탄도탄의 가장 중요한 부분인 탄도탄을 분리하는 기술이 없었던 것이다. 이 기술이 없으면 대륙간탄도탄은 우주를 향하여 날아갈 뿐 지구와 수평을 이루며 탄환을 운항시킬 수 없다. 무기로서 전혀 활용할 수 없는 것이다.

중국은 어떻게 해서든 로켓의 4단계 기술을 완성해야 했다. 그런 상태가 계속 이어지면 미사일 대국이 될 수 없다는 생각에 마음이 급했다. 그런 시기에 클린턴 정권이 손을 내밀었다. 미국의 위성을 쏘아 올리기 위해 중국의 로켓기술을 사용하려는 생각에 중국에 그 제안을 한 것이다. 중국은 탄두에 해당하는 부분에 통신위성을 실어 미국을 위해 쏘아 올리기로 했다. 이때 탑재한 통신위성을 핵탄두로 바꾸면 통신위성용 로켓은 그대로 군사용 미사일이 된다.

클린턴 정권은 중국이 낮은 가격으로 통신위성을 쏘아 올리도록 도와주는 대신 미국의 마틴매리어트와 모토롤라, 두 기업을 통하여 대륙간탄도탄의 가장 중요한 부분에 해당하는 기술을 중국에 제공한 것이다.

1999년 2월 CIA는 중국이 대만해협 건너편 푸젠성(福建省)에 새롭게 백 발의 탄도미사일을 갖추었다고 발표했다. 그후 얼마 지나지 않아 중국은 사정거리 6천 킬로미터, 미국 대륙을 공격할 수 있는 미사일을 실전 배치했다. 중국은 이런 미사일뿐 아니라 각종 근대병기를 잇달아 실전 배치했는데 그 중의 99%는 미국 기업으로부터 매입한 것이다.

장거리로켓을 비롯한 군사통신위성망은 미국을 군사적으로 위험한 상황에 빠뜨릴 뿐 아니라 중국의 군인들에게, '중국은 미국을 공격할 수 있는 군사국가가 되었다' 는 자신감을 심어주었다. 하지만 미군 당국자들의 입장에서 보면 중국군의 최신 기술은 모두 미국에서 제공된 것이다. 중국군이 세계 일류라고 자부하는 무기의 기술력은 모두 미국에 의존하고 있다.

국방성의 관계자의 말이다.

"미국이 중국에 제공한 대륙간탄도미사일의 제어장치는 미국에서 컴퓨터를 이용하여 마음대로 조종할 수 있습니다. 반대방향으로 날아가게 할 수도 있지요."

이 발언은 워싱턴에서도 물의를 일으켰지만 중국군이 막대한 경비와 시간을 들여 완성한 미사일을 비롯한 최신무기는 미국의 IT에 의해 간단히 무력화될 수 있음을 시사하는 것이다.

국방성 책임자는 다음과 같이 말했다.

"중국이 탄도미사일로 미국을 위협한다고 하지만 그런 무기의 기술은 모두 미국에서 가져간 것입니다. 자금만 있으면 어떤 국가든 똑같은 무기를 갖출 수 있습니다."

1995년 중국은 635억 달러를 군사비로 사용했다. 이것은 정부 예산의 25%에 해당한다. 더구나 표면적으로 드러나지 않은 군사비의 규모로 635억 달러와 거의 비슷한 수준이라는 정보도 있다.

중국의 국내총생산은 1조 달러, 그 중에서 12%가 군사비로 사용되었는데 장쩌민 정권은 그 대부분을 미사일과 근대무기에 쏟아 부었다. 하지만 중국이 총력을 기울여 완성한 무기체계는 미국의 최신 IT에 의해 너무나 간단히 무력화되어버린다.

부시 정권은 클린턴 정권이 실시한 기술수출에 관한 느슨한 규제를 단번에 바꾸어 중국으로 더 이상 군사기술이 넘어가지 않도록 만들었다. 더구나 민간기업이 만든 수준 높은 컴퓨터도 중국에는 판매하지 않고 있다. 중국군의 현대기술에 의한 전력을 미국의 IT를 이용하여 무력화시킨다는 생각에 바탕을 둔 행동이다.

부시 정권의 수뇌부는 중국이 우수한 과학자나 기술자를 육성하고 있다는 사실을 잘 알고 있지만 중국 사회의 지금과 같은 구조 안에서는 미국과 비슷한 수준의 새로운 기술이나 제품을 만들어낼 수는 없다고 생각하고 있다.

앞에서 설명한 상하이의 아름다운 마천루 거리가 미국이나 세계경제의 동향에 의해 한순간에 폐허가 될 수 있듯이 막대한 비용을 들인 중국의 현대적 병력도 미국의 마음먹기에 따라 순식간에 쓸모 없는 고철덩어리가 될 수 있는 것이다. 미국은 IT를 이용하여 중국의 군사력을 언제든지 봉쇄할 수 있다는, 매우 낙관적인 생각을 하고 있다. 중국의 군사력을 전혀 두려워하지 않는 것이다.

중국군은 대륙간미사일뿐 아니라 미국의 위성을 공격할 수 있는 새로운 무기나 조기경계장치, 공격용 레이더 등의 개발에 총력을 기울이고 있으며 2015년까지는 일본의 군사력을 추월하여 미국과 어깨를 나란히 하는 현대적 무기체계를 갖추겠다는 목표를 세워놓고 있다.

그리고 이 현대군사력이 중국에 강한 정치력을 안겨주어 아시아 전체를 지배할 수 있게 될 것이라고 생각하는 듯하다. 중국의 이런 군사력 강화에 대해 미 국방성이나 CIA는 이대로 가면 아시아 전체가 중국의 그늘 아래에 놓일 수 있다고 우려하고 있다.

하지만 미국의 지도자들은 그런 상황이 발생한다고 해도 미국의 최신 IT와 전력은 중국의 현대 무기를 충분히 억제할 수 있으며 중국이 군사적·정치적으로 아시아의 지도자가 되는 것을 충분히 저지할 수 있다고 생각한다.

그렇게 되는 경우 중국에 남는 것은 육군을 중심으로 하는 낡은 군사력뿐이다. 10년 전 중국군은 400만 명을 넘는 막대한 병력을 보유하고 그 힘으로 아시아에 군림하려 했지만 1995년 이후에는 근대화에 총력을 기울여 병력도 300만 명 정도로 감소시켰다. 미사일 등의 현대 무기가 미국의 IT에 의해 억제되는 경우, 지상 부대로 이루어진 중국의 군사력은 중국의 국경선조차 제대로 지켜낼 수 없게 된다.

중국은 러시아와의 사이에 3천 킬로미터에 이르는 긴 국경을 가지고 있다. 북한과의 사이에도 지켜야 할 국경이 있다. 게다가 인도와도 문제를 끌어안고 있어 구식 군사력만으로는 도저히 안전을 지켜낼 수 없다는 것이 미국 전문가의 견해다.

중국은 막대한 군사비를 투입하여 현대적 무기체계를 완성, 하루빨리 미국과 어깨를 나란히 하려고 노력하고 있지만 실질적으로는 국경을 안전하게 지키는 것조차 만만치 않은 상황에 놓여 있는 것이다.

일본을 비롯한 아시아인들은 중국이 혁명 50년에 이르러 막대한 군사력을 바탕으로 아시아에 군림하기 시작했다고 생각하고 있다. 미군이 아시아에서 철수하는 경우에는 중국군이 마음대로 행동할 수 있는 정세에 놓여 있다고 우려하고 있다.

하지만 현실적으로는 미국의 IT전략이 발휘되면 중국군의 우위는 순식간에 사라진다. 미사일 위협이 사라지면 중국에는 일본과도 제대로 맞설 수 없는 나약한 군사력밖에 남지 않는다. 중국이 군사적으로 할 수 있는 일은 국내 치안을 유지하는 것 정도다. 단, 그런 능력이라도 있으면 1940년대와는 달리 중국 국내가 외국의 침략을 당하는 위험은 사라진다.

중국의 군사력은 지금 일본이나 아시아인들이 생각하는 것처럼 결정적인 힘을 가지고 있는 것은 아니다. 미국의 IT 앞에서는 순식간에 그 힘이 소멸되어버리는 수준이다. 더구나 그런 중국에 대해 부시 정권은 계속 군사적인 압력을 가하려 하고 있다. 중국이 테러리스트국가를 돕는 상황이 발생하면 핵무기를 사용해서라도 선제공격을 가한다는 전략을 세워놓고 있다.

이미 설명했듯이, 부시 정권이 테러리스트에 대해 냉전시대에 사용했던 봉쇄정책을 대신하여 핵무기를 사용한 공격을 포함, 언제 어디서든 전쟁을 치를 수 있다는 전략을 세운 것은 중국의 지도자들에게는 큰 충격일 것이다.

냉전시대 중국은 소련의 강력한 군사력과 핵 전력을 배경으로 삼아 미국을 정치적으로 마음껏 조종해 왔다. 냉전시대 핵 전력을 사용한 선제공격을 할 수 없었던 미국에 대해 중국은 "미국은 종이호랑이다" 라는 표현까지 사용했다.

그후 미국은 키신저의 중국정책을 바탕으로 냉전시대의 중국을 적절히 이용하려 했다. 이 두 가지 사건 '종이호랑이' 발언과 키신저 전략은 모두 중국의 막대한 인구가 배경에 깔려 있는 지상병력이 중요한 열쇠였다. 하지만 이제 부시 정권은 미국의 IT를 구사하여, 더구나 핵무기에 의한 선제공격으로 중국을 억누르려 하고 있다.

20세기 후반 50년 동안, 미국을 마음대로 조종하고 일본을 위협해 온 중국의 군사력은 이제 덧없는 거품으로 사라지려 하고 있다. 새로운 IT시대, 중국의 군사력은 더 이상 위협이 될 수 없다.

중국은 분열된다

3

중국의 지도자와 국민은 대만문제만 나오면 분별력을 잃어버린다. 때로는 이해할 수 없는 행동을 보이기도 한다.

2001년 4월 1일 해남도 남동쪽 130킬로미터 해상에서 중국군 젊은 조종사가 미 공군의 정찰기에 달려들 듯 충돌하여 사망한 사건에 대해서는 이미 설명했는데, 정신병자처럼 여겨지는 중국 군 조종사의 행동은 경우에 따라서는 대만에 대한 미국의 군사원 조문제와 크게 관련이 있는 듯한 느낌이 든다.

'정신병자'라는 표현은 실례일지 모르지만 이 사건이 발생하기 일주일 전 미국 정부는 대만에 대해 대량의 군사원조를 하기로 결정했다. 이 결정은 이 사건이 발생했을 때에는 아직 공식적으로는 발표되지 않았지만 군사전문가들 사이에서는 화제가 되어 있었다. 8년 만에 등장한 미국 공화당의 대만 지지정권이 대만을 군사력으로 지킨다는 태도를 명확히 밝힌 것이다.

부시 정권의 대만에 대한 군사원조계획에 대해 백악관은 이 사건이 발생한 지 이틀 후인 4월 3일에 정식으로 발표했지만 그 이전부터 이지스구축함을 2010년까지 대만에 제공한다는 이야기도 나오고 있었다.

부시 정권이 생각한 것은 대만에 대한 대규모의 군사원조다. 미국이 가지고 있는 최신 대잠수함 작전용 정찰기 P3C 12기, 키드급 구축함 4척, 그리고 디젤형 잠수함 8척을 대만 정부에 제공하기로 되어 있었다. 또한 대만의 대공방위시스템을 단번에 업그레이드시켜 패트리어트Ⅲ형 미사일을 100기 이상 제공하는 것도 포함되어 있었다. 이것은 중국 정부가 러시아에서 낡은 잠수함이나 구축함을 매입했을 뿐 아니라 푸젠성에 항공기지나 미사일기지를 만들려하는 데 대항하기 위한 조치였다.

게다가 부시 대통령은 백악관에서 기자들에게, 중국이 대만을 군사력으로 위협하는 행위는 용서할 수 없다고 밝혔다. 부시 정권은, 중국이 대만에 군사적인 압력뿐 아니라 정치적인 압력을 가하여 새로 등장한 부시 정권과 대만의 관계를 탐색하려는 움직임에 정면으로 반발한 것이다.

장쩌민 정권은 부시 정권의 이런 직접적인 반발을 예상하지 못했기 때문에 깜짝 놀랐을 테지만 베이징을 비롯한 각지에서 반미 캠페인이 펼쳐졌다. 여기에 대해 부시 정권은 더욱 강경한 자세를 보이면서 다음과 같이 말했다.

"2010년에는 최신 이지스함을 대만에 제공할 수도 있다."

이런 상황들이 중국군 젊은 조종사의 우발적인 행동과 연결된다는 증거는 없지만 부시 정권의 강경한 대만정책에 대한 반발의 하나로 항공기 충돌사건이 발생했다고 해도 지나친 억측은 아닐 것이다.

지금까지 중국 정부는 대만이 독립을 표명할 때마다 미사일을 날려보내거나 공격하는 척 행동하며 위협해 왔다. 대만문제에 대한 중국 정부나 국민의 이상할 정도의 집착은 전투기가 미국의 비행기에 부딪히는 정도로는 끝나지 않는, 엄청난 사건을 낳을 가능성이 있다.

이성을 초월한 중국 정부의 이런 행동이나 위협에 대해 클린턴 정권은 늘 양보하는 자세를 보였다. 중국 정부는 클린턴 정권을 우습게 보고 1996년에는 대만 앞 바다로 출동한 미국의 항공모함 근처에 미사일을 날려보냈다.

부시 대통령은 그런 중국의 행동이 이치에 맞지 않는다고 생각하고 있다. 따라서 한걸음도 물러나지 않을 생각이다. 부시 대통령의 자세는 텍사스 방식의 특수한 자세라고 말하는 사람도 있지만 공격을 당하면 반드시 갚는다는 미국인의 기질을 생각하면 클린턴 대통령 쪽이 오히려 미국인답지 않다.

중국이 강하게 나오면 부시 정권은 그 이상으로 강경하게 나온다. 더구나 지금까지 설명했듯이 미국의 IT는 중국의 군사력을 훨씬 웃돌고 있다. 중국 정부가 대만문제에 계속 집착하면 손해를 보는 쪽은 중국이다.

하지만 미국도 역시 이해하기 어려운 행동을 보이고 있다. 부시 정권은 해남도사건 이후 초대형 헬리콥터 CH46티누크를 중국에 팔기로 결정했다. 티누크는 비행 도중에 급유를 받을 수 있다. 이 헬리콥터를 이용할 경우, 중국은 완전 무장한 병사 30명을 태우고 중국 본토에서 대만으로 날아가 병사들을 내려놓은 뒤 중국 본토로 다시 돌아올 수 있다.

대체 무엇 때문에 미국은 티누크를 중국에 팔기로 한 것인지 나는 이해할 수 없다. 중국이 티누크를 매입하면서 대만 공격을 생각할 것은 누가 보아도 뻔한 이치가 아닌가.

한편 대만의 사정을 생각하면 '하나의 중국' 이라는 미국이나 베이징의 사고방식이 통하지 않을 가능성도 있다. 내가 리덩후이 (李登輝) 총통을 만났을 때, 자주 화제에 오른 문제는 대만에서 벌어지고 있는 순수한 대만인과, 국민당의 쟝제스와 함께 대만으로 건너간 본토 중국인 사이의 대립이었다.

국민당 사람들은 지금도 중국 본토로 돌아갈 꿈을 꾸고 있으며 중국과 대만은 하나라는 확고한 사고방식을 가지고 있다. 하지만 순수한 대만인들의 입장에서 볼 때 국민당 사람들은 중국 본토에서 찾아온 이른바 점령군이다.

국민당에 대한 반감이 강해지자 국민당은 대만인들을 위로하기 위해 대만인인 리덩후이를 발탁하여 총통으로 임명했다. 하시만 국민당 사람들이 나이가 들어 사라지면서 순수 대만인들의 힘이 강화되었고 '하나의 중국' 이라는 사고방식은 현실적으로 통하지 않게 되었다.

천수이벤(陳水扁) 총통의 등장이 그 상징이라고 말할 수 있다. 앞으로 대만인과 베이징의 대립은 더욱 심해질 것이며 중국 정부는 보다 감정적인 자세를 보이게 될 것이다. 실크로드로 알려져 있는 중국 서부의 중앙아시아 사람들은 인종적 · 문화적으로 한(漢) 문명과는 다르기 때문에 독립국가라고 말해도 지나친 표현이 아니다. 만주, 몽고, 티베트 등이 완전한 독립을 요구하는 사태도 발생할 수 있다.

마오쩌둥의 공산혁명 이후 중국은 하나가 되는 것에 의해 그 힘을 집결하면서 국제사회에서의 위치를 확대해 왔다. 여러 종류의 민족에 의한 협력체제는 청(淸)대에 국내가 혼란에 빠져 수습이 어려웠다는 사실이 크게 작용하고 있지만 공산혁명 이후 50년 이상 지난 지금, 중국인들의 사고방식은 바뀌었다.

2001년 6월 중국 공산당의 내부자료가 갑자기 중국 국내에서 유포되기 시작했다. 이 문서는 중앙위원회의 조사그룹이 만든 것으로 알려져 있는데, 앞으로 중국 국내는 경제적인 확대와 함께 대립과 항쟁 속에서 불안정해질 것이라고 예측하고 있다.

이 문서는 공산당의 내부기관이 조사한 것인 만큼 중국 정부 관계자들은 강한 위기감을 느끼며 읽어보았고 경찰이나 군부는 사회불안에 대해 실력을 바탕으로 단호한 조치를 취해야 할 필요가 있다는 생각에 각지에서 혼란에 대비한 훈련이 실시되었다.

중국 사회가 자유화되고 외국의 기업이 자유롭게 활동할 수 있게 되면 빈부의 차가 확실해진다. 자유시장체제가 진행되면 가난한 사람들에게 최소한의 생활을 보장해준다는 구조가 사라질 수밖에 없다. 그럴 경우 불안과 불만 때문에 도처에서 모든 형식의 갈등이 발생하여 엄청난 혼란이 일어날 것은 당연하다.

더구나 일반론이기는 하지만 중국인은 매우 강한 개인주의적 사상을 가지고 있다. 이익을 추구하기 위해서 철저히 싸운다. 게다가 현재 중국에는 공산주의사상 이외의 사고방식이 없다. 정치권력이 사람들의 동의를 구하는 민주주의는 어디에서도 찾아볼 수 없다. 중국 공산당의 움직임을 보고 있으면 형식적으로는 공산주의사상을 존중하고 있는 것 같지만 실제로는 봉건주의시대 독재자가 가졌던 고루한 권력의식에 흠뻑 취해 있다.

이런 중국 국내의 혼란과 타이완문제가 연결될 경우에는 예측할 수 없는 커다란 변화가 발생할 듯한 느낌이 든다. 그때 중국 정부는 타이완에 대해 분별력을 잃은 국민을 이용하기 위해 타이완문제를 국가문제로 다룰 것이다. 국민의 불안이나 불만을 타이완과 미국에 대한 불만으로 교체하는 전형적인 수법이다.

여기에 대해 미국은 한 가지 거대한 전략을 생각하고 있다. 중국 정부가 타이완에 대한 국민의 반감을 부추겨 중국군이 타이완에 대한 공격을 시작하는 경우에는 타이완해협 상공과 바다를 이용하여 중국의 해군이나 공군을 단번에 궤멸시킨다는 것이다.

중국군의 미사일은 미군의 IT로 처리할 수 있다. 중국의 공군이나 해군은 타이완군의 반격, 그리고 미국 제7함대의 공격에 의해 타이완해협의 바다 속으로 사라진다. 타이완해협의 폭 100킬로미터 남짓한 바다 밑에 중국의 로켓과 군함이 순식간에 가라앉아 버린다.

물론 이것은 현시점에서는 미국의 싱크탱크가 생각하고 있을 뿐 부시 정권이 진지하게 토의하고 있는 흔적은 없다. 하지만 부시 대통령이 항상 주장하듯 미국은 타이완에 대한 중국의 군사공격을 절대로 허락하지 않는다.

중국이 타이완을 침략하려 하면 미국이 군사력을 바탕으로 대응할 것이 틀림없다. 미군의 수뇌부는 사실, 300만 명에 가까운 중국 인민군과의 전투를 바라지는 않는다. 하지만 기술적으로 뒤처져 있는 중국군을 장사지내는 것은 미군의 입장에서 보면 손바닥을 뒤집는 것 정도로 간단한 일이다.

공군력을 비롯한 기동력이나 공격력을 잃는 경우, 중국 정부는 반항하는 중국 인민을 제어할 수 없게 된다. 그럴 경우 중국인들은 각자의 이익을 추구하기 위해 움직일 것이고 중국은 분열의 길을 밟기 시작한다.

하지만 현실적인 문제로서 지금 축소되어가고 있는 세계경제 속에서 확대하는 모습을 보이는 것은 중국 경제뿐이다. 중국 경제를 확대시켜 중국 국민의 정치적 불만을 제거하려면 중국 국내가 독립된 7,8개 지역으로 나누어져야 할 필요가 있을지도 모른다.

키신저 박사의 말을 인용해보자.

"긴 역사적 관점으로 보면 중국은 분열되어 연합체제를 갖추게 될 것이라는 생각이 든다. 분열되는 경우, 7개 지역이 될지 8개 지역이 될지는 알 수 없는 일이지만……."

중국은 공산혁명 50년이 지난 지금, 새로운 구조를 향하여 움직일 수밖에 없다. 13억 명이라는 엄청난 인구가 공산당 정권을 움켜쥐고 있는 몇몇 사람에 의해 조종되는 상황이 길게 이어질

리가 없다. 역사적 필연이라는 관점에서 보아도 중국은 분열될 것이다.

아직은 중국을 하나로 통일시켜두어야 한다는 보수적인 세력이 존재하고, 또한 강력한 공산주의체제가 존재하여 이를 바탕으로 사람들을 억제하고 있다. 그러나 인류의 역사를 살펴보아도 알 수 있지만 그런 독재체제는 오래 가지 못한다.

중국을 두려워할 필요는 없다. 기술이 뒤지고 새로운 제품을 만들어낼 수 없는 사람들의 능력을 과대 평가할 필요는 없다. 중국에는 내재해 있는 불만이 존재하며 드넓은 국가는 이윽고 분열된다고 생각하면 중국은 전혀 두려운 존재가 아니다.

미국의 지도자는 중국을 방치해두면 앞으로 위협적인 존재가 될 우려는 있지만 현시점에서는 전혀 두려운 존재가 아니라고 생각하며 공산당체제를 흔들고 있다. 일본도 중국인을 두려워하는 태도는 버리고 중국과의 새로운 관계를 만들어야 할 필요가 있다. 중국과의 관계를 새롭게 구축한다면 우리에게도 새로운 방향이 보이게 된다.

중국과의 새로운 관계를 만드는 것이 일본의 목표가 되면 답답하게 닫혀 있는 사람들의 기분도 바뀔 것이다. 디플레이션과 불량채권과 북한의 위협에 휘둘리고 있는 일본을 재생시키기 위한 에너지와 긍지를 되찾을 수 있을 것이다.

제7장

유럽은 막을 내렸다

독일은 사회주의국가가 되었다 *1*

2002년 봄 유럽에는 많은 비가 내렸는데 내가 베를린을 방문한 날은 따뜻한 햇살이 내리비치고 있었다. 새로운 베를린 중앙역 공사가 일단락지어지고 커다란 유리로 된 덮개가 봄날의 태양 아래에서 반짝이며 빛나고 있었다. 역은 아직 완성되지 않았지만 최상층, 즉 지상에 있는 노선은 사용되고 있다. 가끔씩 지나가는 열차는 모두 새 것으로 유럽 경제를 주도하는 독일 경제를 상징하는 듯하다.

현재 베를린에서 추진되고 있는 지하철과 철도를 공동으로 사용하는 역 공사는 동독과 서독의 통일로 수도의 지위를 되찾은 베를린의 위용을 과시하려는 듯 놀라울 정도로 거대하게 진행되

고 있다. 나의 텔레비전 프로그램에 출연하기 위해 독일철도 본
사에서 찾아온 젊은 여성 PR담당자는 이렇게 말했다.

"앞으로 베를린 역은 유럽의 중심이 될 거예요. 영국이나 프랑
스를 비롯한 유럽 각국에 고속열차가 달리게 될 테고, 독일 국내
의 철도망도 이곳이 중심이 될 거예요. 베를린을 달리는 지하철
역도 이곳에 만들어져요."

역은 지하 4층, 지하공사현장은 언뜻 보기에 도쿄 역이 충분히
들어갈 수 있을 정도로 넓었는데 완성되면 역과 쇼핑센터, 사무
실을 두루 갖춘 거대한 센터가 될 것이라고 한다.

지금 유럽의 고속철도망은 프랑스가 중심이 되어 독일과는 분
리되어 있지만 몇 년 후에는 스페인에서 프랑스, 베네룩스 3국에
서 독일, 그리고 동유럽에서 러시아로의 대철도망이 완성될 예정
이다.

현재는 지하철이 지나고 있는 새로운 베를린 역의 최상층 플랫
폼에서는 독일 새 정부의 건물이 이미 몇 개 완성되었고, 유리로
만들어진 돔이 눈부시게 빛나고 있었다. 크레인이 움직이고 덤프
트럭이 달리며 공사인부들이 유리 천장을 마무리짓기 위해 로프
에 매달려 일하고 있다. 베를린 역의 공사현장만 본다면 독일 경
제가 제2차 대전 이후 최대 위기에 빠져 있다고는 아무도 생각하
지 않을 것이다.

독일은 통일이 된 이후 동독의 사회주의자·공산주의자가 그대로 서독의 정치조직에 포함되었기 때문에 독일 전체를 보면 과거의 소련이나 중국과 같은 사회주의국가체제를 갖추어가고 있다.

나의 오랜 친구인 독일의 정치분석가 어윈 글랜딩거는 내게 이렇게 말했다.

"동독의 국민 2천만 명이 서독의 4천만 국민과 합쳐져 독일은 인구가 6천만 명을 넘었습니다. 그 결과, 인구로 보든 국토로 보든 유럽의 일류국가가 되었지만 예상하지 못한 문제가 발생했습니다."

어윈 글랜딩거가 '예상하지 못한 문제'라고 지적한 것은 동독의 국민, 즉 반세기를 공산주의와 사회주의 아래에서 살아온 2천만 명을 가리키는 말이다.

그들은 순수 독일인이며 원래는 용감하다고 알려져 있는 프러시아계 인종들이 대부분이다. 이 동독인들이 동독과 서독의 경계선을 넘어 베를린장벽을 부수고 서독인들과 하나가 되었을 때 서독의 내 친구는 눈물을 흘리며 이렇게 말했다.

"50년 동안 공산주의 아래에서 고통스럽게 생활했던 동포들과 마침내 하나가 되었습니다. 우리는 그들에게 도움이 될 수 있는 일을 하고 싶습니다."

그는 비즈니스맨의 아내로 어디에서나 흔히 볼 수 있는 독일인이다. 그는 공산주의에 의해 고통받았던 동포들이 자유의 품으로 돌아온 것을 진심으로 기뻐하는 듯했다. 그런데 베를린장벽이 무너진 지 12년, 최근에 이 독일인 친구를 만났을 때 그는 이렇게 말했다.

"역시 교육은 무서운 것 같아요. 동독인들은 우리와 너무 달라요. 무슨 일이든 국가권력에 의지하려 하고 사회주의체제에 빠져 있었기 때문인지 게으른 사람이 많아요. 우리는 무거운 짐을 짊어지게 되었어요."

동독인들은 이미 설명했듯 프러시아계에 속하며 루터가 시작한 기독교의 새로운 교리를 오랜 세월 동안 신봉해 왔다. 하지만 내 친구가 한탄하듯 50년 동안의 공산주의의 가르침은 그들을 완전한 사회주의자로 바꾸어버렸다.

일본에서도 수많은 사회주의자들이 전후의 새로운 문화를 만들어냈지만 사회주의는 기본적으로는 세금의 분배로 생활하는 구조다. 세금은 누군가 다른 사람이 지불한 것이고 일하지 않고 사회복지의 도움으로 산다는 것은 다른 사람의 돈에 의지해서 생활한다는 뜻이다.

물론 인간사회에는 서로 돕는 자세가 필요하다. 혜택받지 못한 사람이 사회복지의 도움을 받는 것은 당연한 권리다. 하지만 소련 공산주의 아래에서는 사회복지가 경제의 기본이 되었고 관료들이 사회를 움직이는 체제가 갖추어져버렸다.

이런 관료와 사회주의가 소련형 경제를 막다른 길로 몰아넣었다. 러시아혁명은 결국 실패로 끝났기 때문에 베를린장벽이 붕괴된 것이다. 서독인들은 장벽이 붕괴되어 서독으로 넘어온 동독인들이 그런 실패에는 질렸을 것이라고 생각했지만 그렇지 않았다.

어윈 글랜딩거나 독일인 친구가 지적하고 있는 것은 바로 그런 점이었다. 지면이 부족하기 때문에 여기에서 자세히 설명할 수는 없지만 동독과 서독이 통일을 이룬 결과, 2천만 명이 넘는 사회주의자·공산주의자가 동쪽에서 서쪽을 향해 물밀 듯 밀려온 것이었다.

동독인들은 소련의 지배에서 벗어나 민주주의체제를 갖추고 있는 서독과 합병했지만 원래 서독의 사회와 정치가 가지고 있는 사회주의적인 경향을 더욱 강화시키게 되었다. 그 결과 글랜딩거가 지적하는 바람직하지 못한 사태가 발생했다.

원래 서독의 인구는 4천만 명 남짓으로 그 절반이 기독교를 기본으로 하는 민주주의와 자본주의의 구조를 지지하고 나머지 절반 정도는 사회주의와 사회민주주의를 믿고 있다. 그 때문에 독일에서는 부동표의 동향에 따라 자본주의체제인 CUD와 사회민주주의정당인 SPD의 두 개의 정당이 정권을 교대로 장악해 왔다. 현재의 슈뢰더 정권은 SPD, 사회민주주의를 믿고 있으며 그 전의 콜 정권은 CUD, 기독교민주주의정당이었다.

그런데 2천만 명이 넘는 동독의 사회주의자들이 경계선을 넘어오게 된 결과, 독일의 정치지도가 크게 바뀌어버렸다. 숫자만을 보아도 그 변화는 명백하다. 보수주의인 기독교민주주의자는 여전히 2천만 명인데 대해 사회주의자가 그 두 배인 4천만 명이 되어버린 것이다. 동독과 서독이 통일되어 형성된 새로운 국가는 완전한 사회주의국가가 되었다. 관료제와 사회복지에 흠뻑 빠져있던 사람들이 2천만 명이나 그대로 새로운 독일의 국민이 된 것이다.

세계인들은 이런 사실에 아직 큰 신경을 쓰고 있지 않지만 통일독일은 이제 과거의 서독이 아니다. 관료주의를 믿고 사회복지에 기대를 가지는 사람들의 국가가 되어버렸다. 냉전시대에 이미 패배한 고루한 사회주의가 독일에서는 우세를 차지하게 되었고 조합의 힘이 강해졌다. 그 결과는 독일 기업의 비즈니스에 대한 압력으로 나타나고 있다. 세계에서 가장 능률이 좋았던 독일의 대기업 지멘스나 메르세데스벤츠는 녹일 봉일에 의해 업적이 크게 떨어졌다.

조합을 우선하는 정치가 추진되고 있고 미국과의 관계가 극단적으로 악화되었다. 슈뢰더 수상은 2002년의 선거에서 결정적으로 미국과 대립하며 이라크에 대한 미국의 전쟁에 정면으로 반대하고 나선 것은 이런 움직임의 상징이었다. 어쨌든 분명한 점은 독일에서는 기업의 입장이 결정적으로 악화되었다는 것이다.

"독일의 우수한 기업은 지금 독일 외부로 이전할 생각을 하고 있습니다. 지멘스에 근무하는 친구는 아일랜드로 공장을 옮기고 싶다더군요."

어윈 글랜딩거의 말이다.

냉전이 끝나 세계가 바뀌어가고 있는 상황 속에서 독일에는 2천만 명의 사회주의자가 증가했기 때문에 냉전시대의 사회주의 국가로 되돌아가고 있다. 경제활동은 앞으로 더욱 저하될 것으로 예상된다.

일본인들 대부분은 여전히 '독일 신화'를 믿고 있다. 독일인의 제조기술이나 조직을 중시하는 사고방식이 언젠가 독일 경제를 미국 이상으로 강하게 만들 것이라고 생각하고 있다.

하지만 그런 생각이 환상에 가깝다는 것은 소련의 전례를 보면 확실하게 알 수 있다. 소련은 공산주의체제 아래에서 붕괴되어버렸다. 관료제와 사회복지가 사람들의 경제활동을 늦추었고 정치와 사회를 괴멸시켜버렸다. 그리고 똑같은 병원균이 지금 독일을 습격하고 있다.

독일이 사회주의국가로서 실추하게 되면 그 다음은 유럽 전체다. 그 증거로, 프랑스는 냉전시대에도 사회주의국가였으며 오랜 세월에 걸친 풍요로운 문화와 역사를 가지고 있음에도 불구하고 경제적으로는 이미 오래 전에 힘을 잃어버렸다. 유럽을 지탱해온 독일이 완전한 사회주의국가로 바뀌고 있으며 유럽 전체가 사회주의의 늪에 빠져들고 있는 것이다.

프랑스와 독일은
이류 국가로 전락했다

2

새로운 독일이 사회주의국가가 되고 소련과 같은 몰락의 길을 밟기 시작했다는 것은 유럽 전체의 어두운 장래를 암시하는데 그 중심에 해당하는 프랑스와 독일은 지금 세계의 이류 국가가 되어 버렸다. 미국이나 일본, 나아가 냉전에 패한 러시아, 그리고 중국보다도 경제적·정치적으로 뒤처진 국가가 되어가고 있다. 이런 사실을 직시해야 한다.

대부분의 일본인들은 미국을 여전히 유럽의 진출 지역으로 생각하고 있다. 미국을 유럽문화의 일부로 보고 미국과 유럽을 하나로 생각하기 때문에 유럽이 세계의 리더로서의 입장을 유지하고 있다는 오해를 가지고 있다. 내가 굳이 '오해' 라고 표현하는 이유는 유럽이 정치적·경제적으로 이미 세계의 중심에서 벗어나 있기 때문이다.

그 첫 번째 이유는 경제다. 우리에게도 이미 잘 알려진 경제권 유로와 그 통화인 유로다. 1999년 유로가 발족되었을 때, 일본인들은 달러에 이은 제2의 국제통화로 받아들여 투자가나 일반인들이 유로를 대량으로 매입했다. 그 때문에 유로의 가치는 일시적으로 상승했지만 그 이후에는 계속 하락하고 있다.

앞에서 소개한 어윈 글랜딩거는 다음과 같이 말한다.

"일본인은 미국과 달러에 대한 반감 때문에 유로를 매입합니다. 지금 세계에서 유로를 매입하고 있는 것은 일본의 투자기관과 일본인들뿐입니다."

그 결과 유로의 가치는 일본인이 매입하면 올라가고 그후에는 떨어지는 움직임을 되풀이하고 있다. 자세한 내용은 알 수 없지만 일본인은 유로에 의해 막대한 손해를 보고 있을 것이다.

이것은 일본인의 감정적인 무모함 때문이기도 하다. 즉, 미국이 너무 강압적이라는 데 반발하여 유로를 매입하는 것으로 자기만족을 얻으려 하는 것이다. 그 결과 유로의 가치는 올라가지만 결국 일본인은 계속 손해를 보고 있다. 일본인은 유로가 세계 이류 통화이며 프랑스와 독일의 풍요로운 역사와 문화와는 관련이 없는, 경제적으로 의미가 없는 통화라는 것을 깨닫지 못하고 있다.

유럽의 경제평론가는 한결같이 독일 경제는 더욱 악화될 것이며 앞으로 미국 이상으로 경제가 후퇴할 것이라고 전망한다. 독일 경제에 대한 이런 전망은 독일의 관료들이 경제를 관리하고 있기 때문에 독일 산업이 새로운 제품과 시장을 만들어낼 능력을 잃고 있다는 점에서 나온다. 즉, 독일도 일본과 마찬가지로 관료들이 경제를 관리하기 때문에 생산자를 지키기 위한 규제가 강화되어 새로운 제품이나 시장이 형성되지 못하는 것이다.

내 친구인 뉴욕의 경제분석가는 다음과 같이 말했다.

"앞으로 독일이 큰 폭의 경기후퇴 양상을 보일 위험은 매우 높습니다. 2000년 초 독일은 프랑스, 영국, 이탈리아에 대한 수출이 증가했기 때문에 어느 정도 경기가 회복되었습니다. 하지만 유로지역 내 국가들의 경제는 절정을 넘어섰습니다. 독일은 앞으로 경제를 확대하기 위해 국내 시장에 의지할 수밖에 없지만 그 국내 시장이 독일에서는 육성되지 않고 있습니다. 독일은 앞으로 재정 긴축정책을 펴야 합니다. 금융에서는 이미 긴축정책을 펴고 있습니다. 앞으로 독일의 주가는 계속 내려갈 것이며 독일 경제는 고통스런 상황에 빠질 것입니다."

내가 유럽의 상황이 이류라고 말하는 또 하나의 이유는 정치의 빈곤이다. 유럽의 정치가나 은행가들에게는 장기적인 비전이 전혀 없다. 재정금융정책은 임기응변주의에 빠져 있어서 새로운 정책을 제시할 수 없다. 예를 들면, 유럽위원회와 유럽중앙은행은 차갑게 대립하며 서로 정책비판을 되풀이하고 있을 뿐 진전하는 모습을 전혀 보이지 않는다. 독일과 프랑스의 정치적인 관계는 믿음직하지 못하고 유로를 둘러싼 관계도 험악한 상태다.

원래 유로를 발족시킬 때 독일은 프랑스의 정치력을 기대했고 프랑스는 독일의 마르크에 기대했다. 내 친구의 말에 의하면 프랑스의 시라크 대통령은 독일의 막대한 정치자금을 사용하여 유로공작을 추진했다고 한다. 유로의 배후에는 끝이 보이지 않는 스캔들이 감추어져 있다.

시라크 대통령은 독일의 정치자금을 사용하여 프랑스의 국민을 움직여 유로를 실현시켰지만 두 나라가 의도하는 내용의 차이는 유로를 관리하는 유럽중앙은행의 인사에 잘 나타나 있다. 프랑스의 지도자는 프랑스가 유럽중앙은행을 관리해야 한다고 생각했고 독일은 마르크의 힘이 주도적인 입장을 취해야 한다고 생각했다. 그 결과 표면적으로는 협력관계임에도 불구하고 유로의 정치정세는 불안정해졌으며 모든 것이 불명확한 상태가 되었다.

셋째, 군사적으로 보아도 유로는 지금 세계 삼류 국가다. 2002년 11월 프랑스에서 실시된 NATO 정상회담은 새로운 멤버로 발틱 3국인 리투아니아, 라트비아, 에스토니아, 그리고 동유럽 4개 국인 루마니아, 불가리아, 체코, 유고슬라비아, 즉 구 소련 계열의

7개국을 가담시킨다는 승인을 했다. 그 결과 NATO는 지금까지의 19개국에서 26개국이 되었는데 국가 수를 보아도 분명해진 것은 NATO 그 자체가 유럽권과 융합되어버렸다는 것이다. 새로운 동유럽과 서유럽이 하나가 되었다.

미국과 유럽은 군사적 협력관계를 강화하고 있으며 새로운 NATO에 가담한 7개국은 정치·군사적으로는 러시아의 대리로서 NATO에 포함되었다고도 말할 수 있다. 더구나 이 회의에서 NATO는 테러리스트에 대한 행동부대를 설치하기로 결정하고 그 병참과 보급을 미군에 의존하게 되었다.

새로운 NATO의 이런 움직임은 독일의 슈뢰더 수상이 미국의 이라크와의 전쟁에는 관여하지 않겠다고 말한 직후에 결정된 것으로 테러리스트에 대한 전투에 있어서 독일의 위치가 결정적으로 축소되었다는 사실을 전세계에 드러냈다.

새로운 NATO의 구성은 유럽의 지위를 격하시켰을 뿐 아니라 프랑스와 독일을 중심으로 반미적인 자세를 강화하고 있는 유럽의 군사적인 입장을 결정적으로 축소시켜버렸다. 세계는 서유럽, 프랑스와 독일이 없어도 군사적으로 충분히 대응해나갈 수 있다는 사실을 확인했다고도 말할 수 있다.

이미 설명했듯이 독일은 동독의 공산주의자들이 포함되면서 구 소련의 정치적인 후계자가 되어버렸는데 과거의 공산주의국가는 러시아와 미국 아래서 NATO를 빼앗으려 하고 있는 것이다.

NATO는 경제적·군사적인 면에서 세계적인 역할을 급속도로 축소하고 있다. 일종의 군사연합이 되어가고 있는데 NATO의 새로운 구성은 21세기에는 냉전이 끝나고 새로운 세계가 나타날 것이라는 사실을 분명하게 제시하고 있다.

NATO는 제2차 대전이 끝난 이후 소련을 비롯한 공산권에 대한 군사적인 동맹으로 결성되었고 서방을 겨냥한 소련의 확대를 억제해 왔다. 하지만 굳이 세계지도를 볼 필요도 없이 미국은 지금까지의 적이었던 러시아와 동유럽을 최대의 아군으로 삼아 지금까지 동맹국이었던 프랑스나 독일을 움직이려 하고 있다. 이 두 국가는 경제적·군사적으로 이미 그 역할이 끝나버린 국가인 것이다.

우리는 서유럽이 가지고 있는 눈부신 과거와 역사에 현혹되지 말아야 한다. 유럽 시대는 이미 막을 내렸다. 2002년 NATO 회의는 역사의 거대한 전환점이었다. 아니, 전환점 정도가 아니다. 오랜 역사의 흐름 속에서 보면 유럽 그 자체가 막을 내린 것이라는 견해도 있다.

유럽인들은 여전히 근대문화의 시작을 유럽 문명에 두고 있다. 현대의 과학과 사람들의 생활을 만들어낸 수많은 내용은 유럽에서 탄생했다고 생각하고 있다. 물론 유럽인들의 주장에도 진실이 있다. 그러나 세계 역사라는 관점에서 보면 유럽은 그 일부에 지나지 않으며 이미 그 역할이 끝나버렸다.

20세기, 제1차 대전에서 냉전에 이르는 변화의 시대에 유럽이 문명의 원천이며 사람들이 의지한 대상이었다는 것은 맞는 말이지만 이제 그런 시대는 종말을 맞이한 것이다. 이런 상황 속에서 과거에는 유럽의 진출 지역이라고 불렸던 미국의 힘이 되었고, 중국이나 아시아, 그리고 냉전에서 패배한 러시아의 입장이 확대되었다.

유로에는 미래가 없다

3

아프리카인들은 지금 세 명만 모이면 이런 이야기를 나눈다고
한다.

"나는 지브롤터 너머에서 죽고 싶어."

지브롤터는 지중해의 입구에 있는 해협이다. 스페인 쪽에는 거
대한 돌산이 있어서 한 번 보면 잊혀지지 않는다. 이 지브롤터는
영국의 중요한 해군기지이기도 하다. 제1차, 제2차 대전, 그리고
냉전시대에는 지중해를 지키는 중요한 거점이었다.

따라서 당시에는 일반인들이 다가갈 수조차 없었다. 아프리카
에서 스페인으로 이어지는 불과 몇 킬로미터의 해협이 세계에서
가장 드나들기 어려운 장소가 되어 있었던 것이다. 그런데 냉전

이 끝나자 지브롤터는 아프리카인들이 유럽으로 건너가는 지름 길이 되었다.

지금까지 혹독한 자연과 가난한 생활에 고통을 받아온 아프리카인들은 지브롤터를 건너 유럽으로 가서 '돈을 벌어 생활을 즐기다가 죽자'는 말을 하기 시작한 것이다.

아프리카인들은 19세기부터 20세기에 걸쳐 유럽인들이 아프리카를 식민지로 삼아 그 부를 약탈해서 유럽 문명을 완성했다고 원망한다.

"우리도 유럽에서 그 보답을 받아 와야 돼."

아프리카인들은 그렇게 말하고 지브롤터를 건너가는데, 문제는 그 많은 사람들이 이슬람교도로 유럽의 기독교에 적대감을 가지고 있다는 점이다.

일찍이 이슬람은 전세계에 영향력을 행사했다. 유럽대륙의 일부를 석권한 적도 있다. 스페인의 알람브라 궁전을 방문한 사람은 유럽 땅에 남아 있는 이슬람의 영향을 생생하게 확인할 수 있다.

아프리카인들이 보다 나은 생활을 추구하여 유럽으로 건너가는 것은 이슬람의 영향력이 다시 유럽을 향하게 되었다는 뜻이기도 하다. 최근에 함부르크 역에서 취재를 했을 때, 엄청난 수의 아랍계 젊은이들이 오가고 있다는 사실에 깜짝 놀랐다.

이런 아랍의 젊은이들에 대해 독일의 젊은이들이 반발하여 이곳저곳에서 분쟁이 발생하고 있다. 프랑스에서는 아랍계의 기세가 더욱 강하다. 파리의 관광명소인 몽마르트 언덕 위에는 아침 일찍부터 아랍의 젊은이들이 어슬렁거린다.

"프랑스에서는 지금 인구의 13% 이상이 이슬람이다."

프랑스 정부의 대변자는 내게 그렇게 말했는데 그 수는 계속 증가하고 있다.

인구의 13%라고 하면 미국에서의 흑인의 비율과 비슷해서 정치나 사회생활에 대한 영향력이 매우 크다. 게다가 프랑스의 경우에는 미국과 달리 구식민지에서 건너온 아프리칸 무슬렘이 많아 완벽한 프랑스어를 구사하는 사람도 많다. 지브롤터를 건너 스페인으로 찾아온 아프리칸 무슬렘이 피레네를 넘어 프랑스로 들어와 거미줄 같은 도로망을 이용하여 유럽 전역으로 들어간다.

2002년 봄 스웨덴을 방문했을 때 스웨덴 육군의 간부는 내게 이런 말을 했다.

"스웨덴 육군에 응모하는 젊은이들 중에서 아프리칸 무슬렘의 비율이 급격하게 증가하고 있습니다."

그런 한편으로, 아프리칸 무슬렘에 의한 범죄도 급속도로 증가하고 있다. 일본에서 외국인에 의한 범죄가 증가하고 있는 것과 비슷한 상황이 벌어지고 있는 것이다. 하지만 일본과 달리 유럽 국가인 스웨덴에서는 섬나라 일본과 비교할 때 외국인의 입국을 단속하는 것이 매우 어렵다. 그리고 인도적인 이유에서 외국인의 입국을 완화해온 습관도 있다.

이렇게 유럽 각지에서 무슬렘의 인구가 급격하게 증가한 결과, 유럽은 테러리스트 네트워크의 소굴이 되었다. 그 수가 너무 많기 때문에 경찰력만으로는 테러리스트와 맞서는 것조차 어려워지기 시작했다. 프랑스나 독일은 무슬렘이 증가하면서 사담 후세인을 비롯한 중동의 테러리스트에 대한 전쟁까지 어려워지고 있다.

얼마 전의 독일 선거에서는 슈뢰더 수상이 놀라울 정도의 강경한 말투로 미국의 이라크전쟁에 반대했다. 슈뢰더 수상은 재선된 이후 부시 대통령에게 사과를 하고, "선거를 위해 어쩔 수 없었다"고 해명했다. 이슬람계 주민들이 증가했기 때문에 "중동에서 전쟁을 벌이겠다"고 하면 선거에서 패배할 것이 뻔했다는 이야기다. 독일의 이슬람교도는 정치까지도 움직이기 시작한 것이다. 이런 혼란은 유럽이 약체화되었다는 가장 확실한 증거다.

이라크에 대한 미국의 전쟁은 미국의 승리로 끝나겠지만, 그 결과 독일이나 유럽 제국은 중동에 대한 영향력을 완전히 잃게 될 것이다. 즉, 중요한 석유 공급원을 잃는다는 뜻이다.

원래 중동에 대한 독일의 영향력은 막강했다. 제1차 대전에서 독일은 터키와 동맹을 맺고 프랑스, 영국과 싸웠는데 독일의 힘의 원천은 중동에 있었다. 프랑스와 영국은 미국의 힘을 빌려 제1

차 대전에서 승리를 거둠과 동시에 즉시 중동을 차지하고 독일을 몰아냈다. 이때 영국은 사우디아라비아 등 아랍국들이 오스만터키로부터 독립하려는 운동에 힘을 보태주었다. 그 때문에 20세기의 전쟁과 석유시대, 유럽은 중동을 장악하고 세계 석유파워의 배후 조종자가 되었다.

하지만 이제 유럽은 중동에서 쫓겨날 처지에 놓였다. 슈뢰더 수상뿐 아니라 유럽 제국이 부시 대통령의 사담 후세인과의 전쟁에 반대하는 이유는 전쟁이 끝난 뒤에 미국이 중동을 독점할 것을 두려워하기 때문이다. 부시 대통령이 사담 후세인을 몰아내고 그 결과 사우디아라비아와 이라크에 영향력을 강화시켜 시리아까지 압도하게 되면 세계의 유전은 완전히 미국의 손에 들어가버린다. 유럽은 세계의 유전지대에서 추방되어 중국이나 일본과 마찬가지로 석유자원에서 멀어지게 된다.

한편 중앙아시아에서 시베리아에 걸쳐 존재하는 석유지대를 장악하고 있는 러시아가 세계에서 가장 거대한 석유공급국가가 된다. 공교롭게도 냉전시대에 미국과 함께 싸운 유럽의 미래는 사라지고 21세기는 미국과 러시아의 시대가 될 것이다.

그렇다면 중국과 일본은 이런 상황에 어떤 관련이 있는가. 이미 살펴보았듯이 미국은 중국의 힘을 두려워하지 않고 일본도 매우 작은 존재로밖에 인정하지 않는다. 유럽은 세계문화의 원류로서 여전히 강한 자존심을 보여주고 있지만 현실적으로는 이라크에 대한 미국의 승리가 확정될 경우 일본 이하의 존재로 전락할 것이다.

유럽은 미국의 본가라고 자부하고 있지만 역학관계에서는 제1차 대전 이후에 이미 역전되어버렸다. 게다가 유럽인들은 미국인의 에너지와 창조력에 항복해버렸다.

나와 인터뷰를 하였던 독일의 지도자 헬무트 슈미트 전 수상은 이런 말을 한 적이 있다.

"미국인은 엄청난 에너지를 가진 맹렬한 인종입니다. 그리고 난폭해서 거친 행동도 서슴지 않지요. 가능하면 가까이 하지 않는 쪽이 좋습니다."

대부분의 유럽인들은 입만 열면 미국인을 경멸하고 유럽에서 건너간 사람들의 후예라고 말한다. 하지만 슈미트 전 수상이 말하듯 미국인은 자신들의 힘만을 믿고 대서양을 건너가 새로운 국가를 만든 것이다.

슈미트 전 수상의 말 뒤에는 이런 의미가 담겨 있을 것이다. 에너지를 가진, 그리고 힘있는 유럽인들은 대서양을 건너가 미국인이 되었다. 미국인은 이상을 추구하며 자기가 하고 싶은 일을 해낸다. 한편 유럽에 남아 있는 사람들은 힘이 없는 보수적인 사람들이다.

20세기까지는 그런 유럽과 미국의 관계가 불분명해서 유럽의 본가 의식이 큰 요소를 차지하고 있었다. 하지만 21세기 새로운 과학기술 시대로 접어들면서 미국인의 힘이 세계를 움직이기 시작했고 유럽은 그 존재가 희미해져버렸다.

미국인들의 생각은 단 하나, "보다 빨리, 보다 멀리!"

이 신념에 휘둘린 유럽은 이제 과거의 유물이 되어버렸다. 유럽이 지금 현재의 역사 속에서 그 의미를 잃었다는 자각을 하는 것이, 바로 세계의 새로운 상황을 이해하는 것이 된다.

앞으로의 미래를 개척하려면 일본은 깨어난 시선으로 유럽을 바라보아야 한다. 미국이 마음에 들지 않기 때문에 유로를 매입하는 식의 행동은 즉시 그만두어야 한다. 일본인들이 좋아하는 말 중에 '어른이 된다' 는 말이 있다. 세계 정세와 외교에 대해서 말한다면 일본인들은 좀더 어른이 되어야 할 필요가 있을 것이다.

제8장

부시 정권은 엄청나게 강하다

텍사스 방식의 부시 정권은 강하다

1

미국의 제43대 대통령 조지 W. 부시가 이끄는 부시 정권은 철두철미하게 텍사스 방식의 정치가들로 이루어진 집단이다. 그들은 지난 40년 동안 내가 보아온 미국의 어떤 정권보다 우수한 행동능력을 가지고 있는데 그 가장 큰 원인은 텍사스적인 사고방식에 있다고 생각한다.

텍사스 사람들은 톱을 중요하게 여긴다. 이것은 미국에서는 매우 늦게 성립된 텍사스주가 미국 정치에서 생존하기 위한 지혜이기도 했다. 텍사스에서는 톱이 정해지면 모든 사람들이 두말없이 따른다.

부시 정권에 소속되어 있는 내 친구는 이렇게 말했다.

"부시 정권의 백악관에서는 부시 대통령이 모든 것을 결정합니다. 그리고 결정한 문제에 대해서 부시 대통령은 전혀 설명하지 않습니다."

텍사스에는 '톱은 설명하지 않는다' 는 말이 있는데, 대통령은 자신의 결정에 대해 설명도 하지 않고 비판도 받지 않는다. 이런 텍사스 방식은 워싱턴 사람들은 이해하지 못한다. 따라서 일부 신문기자들 사이에서는 평판이 매우 나쁘다.

하버드대학을 비롯한 미국의 인텔리들은 텍사스 방식을 선호하지 않는다. 선호하지 않는다기보다 싫어한다. 그 때문에 부시 대통령은 도처에서 나쁜 평판을 받는다. 만화나 잡지 등에서도 혹독하게 다루어지고 있다.

텍사스 방식은 워싱턴에서는 이질적인 문화다. 지금까지 텍사스 출신의 대통령이라고 하면, 케네디 대통령이 암살 당한 이후에 대통령의 지위에 오른 존슨 대통령이 있다. 그는 케네디 그룹에서 기피당했지만 하원의원으로서 워싱턴에 오래 머물렀기 때문에 진정한 텍사스 방식을 채택한 인물이라고 말하기는 어렵다.

닉슨 대통령은 캘리포니아 출신이지만 워싱턴에서 오랫동안 생활했다. 그 이후 백악관으로 들어간 카터 대통령은 조지아 출신이었지만 미 해군의 원자력기술 사관으로 미 해군을 통하여 워싱턴 문화 속에서 성장했다. 이어서 백악관으로 들어간 레이건 대통령은 영화나 매스컴 관계자로 할리우드에서 오랫동안 생활을 했다고 하지만 워싱턴과도 인연이 많았다. 그 이후 제41대 부시 대통령은 워싱턴에서 성장했고 그 이후의 클린턴 대통령도 아칸소라는 농촌 출신이었지만 워싱턴과의 인연이 강했다.

제43대 부시 대통령은 이런 대통령들과 비교하면 텍사스인 그 자체에 해당하며 모든 것을 텍사스 방식으로 처리한다. 스탭들도 텍사스인들이 주류를 이루고 있다. 부시 대통령은 강한 텍사스 남자들을 이끌며 텍사스 방식으로 밀어붙이고 있다. 워싱턴의 문화나 매스컴에서는 그다지 좋은 평판을 받지 못하고 있지만 강하다는 점에서는 지금까지의 어떤 대통령과도 비교할 수 없다. 부시 대통령의 평가와 사고방식에 대해서는 미국의 매스컴이나 워싱턴의 평가에 현혹되지 말아야 한다.

부시 대통령이 텍사스 방식으로 밀어붙여 그 강력한 능력을 멋지게 발휘한 것은 2002년 11월 5일의 중간선거였다. 이때의 미국 중간선거는 미국 정치에서도 보기 드물게 대통령의 역사적인 승리로 기억되어야 할 것이다. 부시 대통령은 하원에서 7석, 상원에서 2석을 늘려 상하 양원에서 다수를 차지하는 데 성공했다. 그 결과 부시 대통령은 테러리스트에 대한 전쟁을 쉽게 추진하게 되었고 동시에 침체된 경제를 회복시키기 위한 강력한 정치력을 손에 넣었다.

미국의 정치 역사를 살펴보면 대통령이 취임 이후의 첫 중간선거에서 승리를 거둔 경우는 거의 없다. 대부분 대패했는데 그 가장 큰 이유는 대통령선거전에서 얻은 인기가 보통 2년 정도면 식어버리기 때문으로 예외인 경우는 겨우 두 번이었다.

100년 전인 1902년 공화당의 테오도르 루스벨트는 대통령으로 취임한 이후 첫 중간선거에서 승리를 거두었는데 이때 그는 역사상 가장 젊은 대통령으로 정열을 기울여 정치부패와 싸웠다.

그 다음에는 1934년 민주당의 프랭클린 루스벨트다. 그는 뉴딜정책을 내세워 불황과 맞서 싸웠다. 그후 1988년 클린턴 대통령이 중간선거에서 승리를 거두었지만 이 중간선거는 취임 이후의 첫 선거가 아니라 재선 이후의 중간선거였다.

2002년 중간선거에서 부시 대통령이 거둔 승리는 미국 정치 역사에서 특필할 만한 사건이었다. 중간선거에서 대승리를 거둔 이후인 11월 8일, 국제연합 안전보장이사회는 상임 및 비상임이사국 15개국이 일치하여 사담 후세인의 이라크에 대해 핵무기 등 대량파괴무기의 현지시찰을 실시한다는 결의문을 채택했다.

국제연합은 부시 대통령의 배후에 있는 미국인의 전쟁에 대한 의지와 부시 대통령의 정치력에 놀란 것이다. 이 결의문이 채택된 지 이틀 후인 11월 10일 시리아 대표는 뉴욕에서 이렇게 말했다.

"미국인의 결의는 강하고 확고하다. 사담 후세인에 대한 전쟁을 피하려면 국제연합이 일치 단결해야 한다."

부시 대통령이 중간선거에서 대승리를 거두지 못했다면 국제연합은 큰 혼란에 빠졌을 것이다.

부시 대통령은 텍사스의 정치가답게 모든 노력을 테러리스트와의 전쟁에 집중했다. 미국인은 '심플 이스 더 베스트' 라는 말을 자주 사용하는데, 부시는 단순한 목표를 향하여 일사불란한 통솔력을 보이는 것으로 선거에서 승리를 거둔 것이다.

부시 대통령의 백악관은 이 선거를 치르면서 대통령이 하는 말에 대해 아무런 설명도 요구하지 않고 그저 실행하는 데만 전력을 기울였다. 그 때문에 부시 대통령의 전쟁에 대한 자세는 더욱 선명해졌다. 부시 대통령은 결정을 내릴 뿐이었고 모든 지휘는 앤드류 카드 수석보좌관에게 맡겼다. 이것도 텍사스 방식이다. 앤드류 카드 수석보좌관은 우수한 통제능력을 보여 선거에서 승리를 따냈다.

한편 전략은 칼 로브 최고 고문이 담당했다. 나는 텔레비전 프로그램 때문에 로브 최고 고문을 인터뷰할 수 있었는데 부드러운 용모 뒤에 날카로운 지성을 갖춘 인물로 보였다. 어쨌든 내 질문에 대한 그의 대답은 명쾌하고 설득력이 있었다. 칼 로브 최고 고문은 내정과 외교의 구별을 하지 않았고 경제, 외교, 전쟁의 구별도 없이 오직 선거전략을 세우는 데만 전력을 기울였다. 부시 대통령의 전략을 실현시키는 데 모든 노력을 아끼지 않은 것이다.

"부시 정권은 하나로 뭉쳐져 있다. 지금 백악관에는 부시 파벌밖에 존재하지 않는다."

앤드류 카드 수석보좌관은 중간선거 직전인 10월 21일 워싱턴의 한 호텔에서 이렇게 말했는데, 그는 1972년의 닉슨 정권 이후 줄곧 미국 공화당 정권에서 활동해 왔다.

부시 정권은 2001년 1월에 등장한 이후 완전히 하나로 뭉쳐 내부의 투쟁이나 스캔들, 알력 등의 문제는 전혀 일으키지 않았다. 부시 정권은 선거전에만 전력을 기울였고, 그 결과 부시 대통령은 취임 이후 첫 중간선거에서 역사상 그 유례를 찾아보기 어려운 대승리를 거두었고, 적극적인 대통령으로서 미국 국민의 절대적인 신임을 얻은 것이다.

부시 대통령은 등장한 이후 2년 동안 70%를 넘는 지지율을 유지하고 있다. 그 70%에 해당하는 사람들은 미국이 전력을 기울여 테러리스트와 싸워야 한다고 생각하고 있으며 이라크전쟁에 찬성하고 있다. 부시 대통령과 같은 생각을 가지고 있는 것이다. 그 결과 사담 후세인을 비롯한 세계의 테러리스트들은 미국에 대해 테러활동을 계속하면 미국과 전면전을 벌이게 되어 미국의 강력한 군사력에 의해 궤멸당할지도 모른다는 위험을 느끼고 있다.

그 때문에 사담 후세인이 전쟁을 피해 도망칠 가능성도 높아지고 있다. 즉, 부시 대통령은 중간선거의 승리와 전쟁에 대한 자세에 의해 싸우지 않고 승리를 거둘 수 있는 입장을 확립한 것이다.

"미군이 전쟁을 벌이지 않고 바그다드에 입성하는 것도 생각할 수 있게 되었다. 지상전을 벌이지 않고 바그다드로 들어가 이라크를 점령하는 것도 가능하다."

부시 정권을 비판해 온 『뉴욕 타임즈』도 이런 기사를 싣기 시작했다. 사담 후세인이 겁을 먹고 있는 것은 분명한 사실이다.

현재 이라크에서의 전투가 어떤 양상으로 전개될지 예측하기는 어렵다. 하지만 결과적으로는 사담 후세인은 대량파괴무기를 빼앗기고 이라크 전지역을 점령당하여 정권에서 축출될 것이다.

지금 부시 대통령은 모든 예상을 웃도는 힘으로 사담 후세인을 몰아가고 있다.

"부시 대통령은 예상 밖으로 잘 하고 있다."

키신저 박사조차도 이렇게 말하기 시작했는데 부시 대통령의 힘에 의한 정치가 사담 후세인에 이어 김정일을 궤멸시킬 가능성도 높아지고 있다.

부시 대통령의 중간선거에서의 대승리와 국제연합의 결의를 보고 북한의 김정일은 불안감에 싸여 있을 것이다.

이런 외교에서의 그리고 전쟁에서의 승리는 부시 대통령에게 국내 정치를 위한 힘도 안겨주게 되었다. 부시 정권은 2002년 12월 재무장관과 경제보좌관을 교체했는데 중간선거에서의 승리를 발판으로 삼아 이라크전쟁뿐 아니라 미국 경제를 활성화시키기 위해 대폭적인 감세정책 등을 추진할 계획이다.

부시 대통령이 싸울 자세를 분명히 밝히고 테러리스트와의 전쟁을 선언했을 때, 중간선거에서 맞서 싸우게 된 야당 민주당은 이렇게 말했다.

"전쟁이 문제가 아니다. 경기 회복이 우선이다."

그러나 민주당의 이러한 비판은 민주당 자신에게 상처를 입히는 결과를 낳았다. 미국 국민의 70%는 테러리스트와 싸우겠다는 부시 대통령을 전면적으로 신뢰하고 있다. 그 결과 민주당은 대패했고 부시 대통령은 지금까지의 대통령에게서는 찾아볼 수 없었던 강력한 정치력을 손에 넣은 것이다. 그리고 그 정치력이 민주당이 말하는 '경기대책'을 추진하는 데 도움이 되는 결과를 낳았다.

부시 대통령은 대폭적인 감세를 중심으로 경기를 회복시키려 하고 있다. 부시 정권의 전 경제담당보좌관인 로렌스 린지 박사는 내게 이렇게 말했다.

"지금 미국의 금리는 사상 최저다. 더 이상 금리를 내릴 수 없는 이상, 감세와 정부의 지출로 경기를 회복시킬 수밖에 없다."

이 말처럼 2002년 12월 현재 미국의 금리는 1.25%, 일반 대출금리조차 3%로 연방채권의 이자율은 전후 최저 수준을 기록하고 있다. 그런 상황 아래에서 부시 대통령은 중소기업에 대한 특별감세, 상속세의 대폭적인 감세, 그리고 주식 거래의 손해에 대한 감세, 즉 캐피탈로스에 대한 감세를 실시하려 하고 있다.

나아가 군사비를 중심으로 하는 정부지출을 확대할 계획인데 이런 정책은 강력한 정치력이 있어야 추진할 수 있다. 싸우는 대통령에 대한 국민의 신뢰가 강력한 경제정책을 가능하게 해주는 것이다. 그 결과 미국은 두 가지 걱정, 즉 9·11테러 이후의 경기침체에 이은 또 한 번의 경기침체를 피할 수 있게 되었다.

미국의 경기가 회복되면 일본의 대미 수출도 증가하여 일본 경제도 한숨을 돌릴 수 있게 될 것이다. 이런 미국 경제에 대한 공격형 대책은 싸우는 대통령에 대한 국민의 신뢰가 바탕을 이루고 있다.

워싱턴에서는 제43대 조지 부시 대통령은 '레이건 대통령의 아들'이라는 말이 나돌고 있다. 기가 약해서 별명이 윔피(허약한 벌레)였던 제41대 조지 부시 대통령의 아들이 아니라는 의미다.

일찍이 레이건 대통령은 레이건혁명을 추진하기 위해 공격적인 정치를 채택했다. 단순하고 명쾌한 목표를 내걸고 돌진했다. 소련을 붕괴시키는 전략에 대해 질문하면 이런 식으로 대답했다.

"미국의 군사력을 최강으로 만들겠습니다. 소련이 따라올 수 없을 정도로 말입니다. 그들을 대화의 창구로 끌어내겠습니다."

레이건 대통령의 군사증강정책 결과, 예상대로의 경과를 거치면서 냉전은 종식되었는데 레이건 대통령과 부시 현 대통령의 공통점은 '공격형 정치' 다. 물론 부시 대통령의 공격형 정치가 정말로 성공을 거둘 수 있을 것인가 하는 문제는 이라크에 대한 전쟁을 얼마나 잘 치르는가에 달려 있다.

세계는 디지털화, IT혁명이라고 불리는 새로운 기술의 시대, 기술혁명의 시대로 접어들었다. 하지만 정치를 성공시키려면 정치가는 항상 공격적인 자세를 갖추어야 한다. 그리고 공격적인 자세를 갖추려면 톱이 항상 선두에 서서 싸워야 한다. 텍사스 출신 지도자의 방식은 싸우는 것이다. 부하들의 집단은 지도자의 명령을 따라 최선을 다해 싸운다. 지나친 칭찬인지 모르지만 현시점에서 볼 때 부시 대통령은 워싱턴의 신문기자들 사이에서 험담을 듣고 있는데도 불구하고 텍사스 방식의 정치를 추진하는 것으로 대성공을 거두었다고 말할 수 있다.

백악관에는 부시 파벌밖에 없다

나의 오랜 친구인 평론가 로버트 노박은 이렇게 말했다.

"부시 정권은 정치적으로 매우 강하다. 지금까지의 어떤 정권과 비교해도 엄청나게 강하다."

미국에서는 독설가로 알려져 있는 노박이 이런 식으로 칭찬하는 이유는 부시 정권의 백악관이 거대한 바위처럼 뭉쳐 있으며 내부에서의 대립이 전혀 없기 때문이다.

백악관에는 늘 파벌이 존재한다. 이것은 미국 국내의 수많은 이익집단이나 인간그룹이 백악관과 복잡하게 얽혀 있는 상태에서 운영되고 있기 때문에 당연한 일이라고 말할 수 있다.

지금까지 내가 보아온 정권 중에서 가장 강하다고 평가받았던 레이건 정권조차 수많은 파벌이 존재했다. 레이건 정권에는 수석보좌관이 된 클라크 판사가 중심이 된 그룹, 레이건 대통령의 심복으로 알려진 니스 고문의 그룹, 나아가 우익이며 공화당 보수파인 린 노브티거 보좌관 그룹 등이 중심이었는데 그 이외에도 레이건 대통령을 당선시킨 토지개발업자 그룹이나 원래 레이건 대통령을 지지했던 재계 그룹도 존재했다.

이런 복잡한 그룹 속에서도 레이건 대통령이 정치적 성과를 올릴 수 있었던 것은 레이건 대통령 자신이 단순한 성격이고 파벌 그룹의 복잡한 역학관계에 참여하지 않았기 때문이다. 게다가 관료로서 또한 정치가로서도 매우 유능한 제임스 베이커 보좌관이 모든 것을 관리했기 때문에 외부인들의 눈에는 마치 파벌 싸움이 전혀 없는 듯한 인상을 줄 수 있었다.

나는 우연한 기회에 이 레이건 정권 내부 그룹의 인맥들과 인연을 가지게 되었기 때문에 백악관 안의 숱한 파벌 싸움을 잘 알수 있었다. 레이건 대통령은 단순한 타입으로 파벌들 사이를 마치 우주유영을 하듯 떠돌아다녔기 때문에 백악관 전체가 대통령의 명령 아래에서 단순한 형식으로 작동되었지만 내부 사정은 매우 복잡했다.

하지만 '레이건 대통령의 아들'로 불리는 조지 부시 대통령의 백악관에는 문자 그대로 부시 파벌밖에 존재하지 않는다. 모든 일은 수석보좌관 앤드류 카드 아래에 집중되고 모든 스탭은 카드

보좌관의 명령을 받는다.

안전보장담당보좌관, 경제담당보좌관, 그리고 예산국장 등 모든 중요한 스탭들이 앤드류 카드 아래에 놓여 있다. 칼 로브 최고고문은 형식상으로는 누구에게도 소속되어 있지 않고 그저 전략을 구상하는 역할만 담당하고 있다.

부시 대통령에게 가장 가까운 인물은 대통령의 부인과 로버트 에반스 상무장관이다. 이 두 사람은 부시 대통령과의 친밀한 관계만 중시할 뿐 파벌을 만들지는 않는다.

그 밖에 럼즈펠드 국방장관과 체니 부통령이 외교문제와 전략문제에서 막강한 권한을 움켜쥐고 있지만 백악관의 조직도를 보면 대통령에 직속되어 있어 모든 권한은 앤드류 카드 수석보좌관을 통하여 행사하는 형식을 취하고 있다.

그 밖에 월포이츠 국방차관, 볼튼 국무차관이 각각 국방성과 국무성이라는 거대한 관청에서 부시 대통령의 파이프 역할을 담당하고 부시 정권의 정책 수행을 위해 노력하고 있지만 파벌과는 전혀 관계가 없다. 형식상으로는 대통령의 이른바 '대사' (大使)의 입장으로 국방성과 국무성을 움직이고 있다.

현재의 백악관에서 가장 독립되어 있는 인물이 파월 국무장관이다. 그러나 파월 국무장관은 국민의 인기를 모으고 있기는 하지만 정치적으로는 독립된 권한이나 힘을 가지고 있지 않다.

매스컴에서 받은 인상과는 달리 부시 정권은 부시 대통령의 결단과 판단에 의해서만 움직인다. 정권 내부에 파벌이라는 것이 존재하지 않는다. 이런 상태가 부시 정권의 싸우는 자세를 명확하게 하고 부시 대통령의 이미지를 보다 명쾌하게 만들어주고 있다. 부시 대통령 자신도 텍사스의 지도자답게 싸우는 것과 부하를 통솔하는 데 전력을 기울이고 있으며 다른 문제에는 전혀 관심을 보이지 않는다.

　　미국의 매스컴이 비판하거나 야유를 하는 내용은 '부시 대통령이 말투'나 '동부의 인텔리답지 않은 발음'에 관한 것 정도다. 부시 정권의 결점을 든다면, 월가와의 연관성이 적다는 것이다. 그 때문에 재무장관을 선발하는 데 많은 고심을 했다는 사실은 잘 알려져 있다. 지금도 월가와의 거리는 가깝다고 말하기 어렵다.

　　레이건 대통령도 주가에 대해서는 지극히 냉담했다. 1987년 월가가 대폭락했을 때 레이건 대통령은 이렇게 말했다.

　　"나는 주식을 가지고 있지 않다. 그렇기 때문에 주가가 내려가도 걱정하지 않는다."

　　이 발언은 물의를 일으켰지만 "주가가 내려가는 데 그다지 놀라지 않는다"는 대통령의 말이 효과를 낳아 공황 발생을 막았다.

　　부시 대통령은 하버드대학 비즈니스스쿨을 졸업했기 때문에 월가와는 관련이 깊을 테지만 대기업과의 관계가 없다. 따라서 미국의 특수한 기업과의 관계도 없어 비즈니스 면에서 파벌이 형성될 근거도 없다.

　부시 대통령의 경력을 살펴보면, 그는 중소기업 대표라고 말할 수 있을지도 모른다. 부시 대통령은 비즈니스스쿨을 졸업한 이후 고향인 텍사스로 돌아가 작은 석유회사를 설립했다. 하지만 그 소규모 석유회사는 로버트 에반스 상무장관의 석유회사에 의해 파산당하였다. 부시 대통령은 비즈니스의 냉엄한 세계를 몸소 배운 것이다.

　그후 아버지의 친구에게서 돈을 빌려 텍사스의 프로야구구단 '애스트로스'를 매입했는데 여기에서 상당한 이익을 올렸다. 버블 때문에 '애스트로스'가 비싼 가격에 팔렸기 때문이다. 그것을 자금으로 삼아 텍사스주의 지사로 출마, 당선됐다. 텍사스 주지사로서는 그다지 큰 일을 하지 않았지만 텍사스에 사형을 부활시켜 '악당은 용서 없이 처벌한다'는 자세로 인기를 얻었다.

　클린턴 대통령이 섹스 스캔들 등 저속한 사건을 잇달아 일으켜 미국 국민이 침체된 기분에 놓여 있는 상황에서 실시된 대통령선거에서 부시 대통령은 근소한 차이로 고어 부통령에게 승리를 거두고 백악관으로 들어갔다.

　경험이 적고 파벌을 만들 정도의 인맥이 없다는 점에서 특별히 기대할 것이 없는 대통령이 될 것이라고 예상되었지만, 동시다발적인 테러사건을 계기로 엄숙한 사회 분위기 아래에서 미국인들이 좋아하는 '싸우는 대통령' 이라는 이미지를 만들었다.

정치가로서 부시 대통령의 가장 큰 공적은 이권과 인맥이 얽혀 다수의 파벌이 존재했던 백악관의 결정과 실행 프로세스를 명확하게 만들었다는 데 있다.

"백악관에는 부시 파벌밖에 없다."

이것은 현재 미국의 정치를 가장 단적으로 보여주는 말인데, 그 단순한 텍사스 방식이 테러리스트에 대한 전쟁에 미국인을 하나로 뭉뚱그리는 힘이 되고 있다.

이제 하버드대학은 필요 없다

"현재 미국에서 부시 대통령에게 가장 비판적인 곳은 하버드대학입니다."

내 친구이며 정치평론가인 로버트 노박이 파티석상에서 한 말이다.

그날 나는 노박이 주최한 파티에 참석했는데 파티의 주빈인 정치가도 하버드대학을 나왔고 다른 게스트들의 얼굴을 보아도 하버드대학의 비즈니스스쿨, 나아가 내가 지금 관여되어 있는 케네디스쿨 졸업생들이었다.

워싱턴은 하버드대학의 졸업생들로 넘치고 있는 것이다. 이날의 게스트들에게서는 부시 대통령에 대한 험담은 들을 수 없었는데 졸업생들이기 때문이었을까. 부시 대통령은 하버드의 비즈니스스쿨 출신이다.

어쨌든 노박의 말대로 지금 부시 대통령에게 가장 냉엄한 자세를 보이고 있는 것은 하버드대학의 교수들과 당국자들이다. 원래 하버드대학은 민주당의 아성으로 케네디 대통령과 그 일파를 강하게 지지하고 있다. 현재 내가 관여하고 있는 케네디스쿨에는 공화당의 관계자도 있기는 하지만 학교의 방침은 민주당을 지지하고 있다.

어떤 교수는 내게 이렇게 말했다.

"공화당을 너무 칭찬하면 스폰서인 케네디 가문으로부터 질책을 당하게 됩니다."

하버드대학의 교수들은 지금까지 민주당의 기둥이었다. 특히 클린턴 정권에는 하버드대학의 관계자들이 많았는데 고어 부통령이 중심이 된 그룹은 그야말로 '하버드 그룹'이었다.

고어 부통령이 근소한 차이로 대통령 자리를 차지하지 못했다는 점과 마지막 결정타가 된 플로리다수의 섬표 결과가 명확하지 않았다는 점 때문에 하버드대학 안에서는 부시 대통령에 대한 평판이 매우 나쁘다.

하버드대학 안에서 부시 대통령에게 가장 엄격한 것은 클린턴 정권에서 국방차관을 지낸 나이 교수다. 나이 교수는 고어 정권이 형성되면 국방장관으로 임명될 것이 확실했다. 그때는 새로운 국방정책을 펼 생각이었던 만큼 꽤나 억울할 것이다. 나이 교수가 부시 대통령을 비판하는 내용은 이곳저곳에서 들을 수 있다. 원래는 기품 있고 대인관계도 좋은 나이 교수가 직접적으로 부시 대통령을 비판할 정도이니까 맺힌 것이 꽤 많은 듯하다. 하지만 그 이유는 선거나 개인적인 감정만은 아니다.

부시 정권이 하버드대학이 중심이 되어 있는 CIA나 국가안전보장회의의 역할을 대폭으로 축소하고 새로운 기구를 만들어 지금까지와는 전혀 다른 정책을 실시하려 하고 있기 때문이다.

"하버드대학은 냉전시대의 주역이었고 1947년의 국가안전보장정책을 만든 모체라고 말할 수 있다."

키신저 박사가 이렇게 말한 적이 있는데 제2차 대전 이후의 냉전체제는 그야말로 하버드대학체제였다. CIA의 수뇌를 비롯한 국방성이나 국무성, 그리고 백악관의 국가안전보장국은 대부분 하버드대학 졸업자나 교수들로 구성되어 있었다. '냉전시대의 대소전략'을 바로 '하버드대학'이라고 말할 수 있었다.

키신저, 슐레진저, 블레진스키, 헌팅턴 등 내 프로그램에 몇 번씩 출연한 안전보장정책 전문가들은 모두 하버드대학의 천재적인 학자들, 빛나는 별들이었다. 이 빛나는 별들 중에서 백악관에서 일한 뒤에 다시 하버드대학으로 돌아갈 수 없었던 사람은 키신저 박사였다. 이것은 그가 너무 화려한 성공을 거두어 다른 하버드대학 학자들에게 질투를 샀기 때문이다.

이야기를 되돌려, 지금까지 하버드대학이 모든 것을 관리해온 미국의 국가안전보장정책이 부시 대통령 시대로 접어들어 갑자기 바뀌면서 하버드대학의 학자들은 방출되어버렸다. 이것은 부시 정권이 하버드대학을 싫어하기 때문이 아니다. 이미 설명했듯이 냉전시대가 끝나면서 하버드대학의 학자들이 완성한 냉전시대를 위한 전략이 필요성을 잃었기 때문이다.

구도는 매우 간단하다.

"하버드대학의 학자들이 완성한 냉전전략에 의해 미국이 승리를 거두었고 소련이 사라졌다. 그 결과 냉전이 사라졌고 미국에서의 냉전체제는 필요성을 잃었기 때문에 주역이었던 하버드대학의 학자들이 백악관에서 방출되었다."

냉전체제는 CIA이며, 국방성·국무성이고 그 주변의 연구기관이다. 지금 미국은 테러리스트에 대비한 새로운 전략을 구축하고 있기 때문에 새로운 인재가 필요하다. 그 때문에 국가안전성과 새로운 관료조직이 만들어지고 있다. 냉전에 대비하기 위해 치밀한 정책을 만들어온 CIA나 하버드대학의 학자들은 필요가 없다.

새로운 테러리스트에 대한 싸움 속에서 하버드대학이 어떤 역할을 담당할 것인지 또 CIA가 부활될 것인지, 현시점에서는 분명하지 않다. 그러나 워싱턴의 정세가 크게 바뀌고 하버드대학 학자들의 일이 사라진 것은 사실이다.

하버드대학이 부시 정권의 내부에서 추방된 것은 국제관계에도 중요한 영향을 끼치고 있다. 냉전시대 미국의 진영이었던 일본이나 유럽의 국가들은 앞다투어 우수한 젊은이들을 하버드대학으로 보냈다. 동맹국인 일본이나 유럽의 국가들은 하버드대학과의 관계를 강화하는 것으로 미국 정부와의 연관성을 강화해온 것이다.

한편으로는 미국 정부의 담당자인 관료나 군인의 수뇌도 하버드대학의 학자인 경우가 많았다. 하버드대학이 파이프가 되어 일본이나 유럽으로 냉전시대의 사고방식이나 정보·문화를 전했다.

하지만 그 체제가 소멸되었기 때문에 우선 정보의 파이프가 사라지고 있다. 워싱턴에서 발생하고 있는 일이 동맹국인 유럽이나 일본으로 직접 전달되기 어렵게 된 것이다. 지금까지는 하버드대학의 학자들이 미국에서 발생하고 있는 일을 설명해주었지만 그들이 워싱턴에서 추방되었기 때문에 정보가 들어오지 않게 되었다.

또 유럽이나 일본의 지도자는 하버드대학 방식의 미국에 익숙해져 있기 때문에 텍사스 방식의 새로운 정치나 구조를 이해하기 어렵다. 그 때문에 유럽이나 일본은 실제로 워싱턴에서 무슨 일이 일어나고 있는지 이해하는 것조차 어려워졌다.

냉전시대가 끝난 지 10년, 미국의 냉전구조 및 안전보장체제가 붕괴되었다. 그 결과 하버드대학의 역할이 끝나고 새로운 사람들이 워싱턴을 움직이게 되었다. 워싱턴의 이런 변화를 이해하지 않는 한, 세계의 새로운 움직임을 파악하기란 어렵다.

일본의 관료나 정치가들이 부시 정권의 생각을 전혀 이해할 수 없게 된 이유는 워싱턴의 이런 변화 때문이다. 즉, 워싱턴의 변화가 유럽이나 일본의 지도자를 워싱턴의 움직임으로부터 분리시켜버렸고 그 결과 일본의 지도자는 지금 워싱턴에서 발생하고 있는 변화 그 자체도 이해할 수 없게 된 것이다.

부시 정권은 미국에 전혀 다른 구조를 만들고, 미국의 힘을 충분히 이용하여 새로운 정치를 전개하고 있다. 미국의 이런 새로운 움직임을 우리가 이해하려면 아직 더 많은 시간이 필요하다는 것이 내 생각이다.

제9장

달러를 지키려면
엔이 필요하다

2002년 미국으로 외국 자금이 계속 들어오고 있다

1

　부시 정권이 달러자산을 지키기 위해 일본의 금융기관을 손에 넣으려 한다는 점에 대해서는 제1장에서 간단히 설명했다. 미국은 세계 최강의 국가가 되었다고는 하지만 달러는 미국의 아킬레스건이다. 이번 장에서는 미국이 앞으로 달러를 지키기 위해 일본의 엔 자금과 금융기관을 어떻게 하려 하는지 자세히 설명해보기로 하자.

　월가에 있는 내 친구는 이렇게 말했다.

　"미국은 빚이 너무 많습니다. 앞으로 달러의 가치는 떨어질 수밖에 없습니다."

　미국의 자산은 외국 자본으로 바뀌어가고 있다. 이제 미국 채권의 37%는 외국인의 소유다. 기업채권의 46%, 주식의 11%도 외국인의 소유가 되었다.

미국의 빚은 거의 대부분 무역수지 악화에 따른 것인데, 2002년 미국의 적자는 GDP의 4.4%에 이른다. GDP의 4.4%는 금액으로 환산하면 4,400억 달러라는 거액이다. 미국의 부채가 계속 증가하고 있는 이유는 국민의 저축이 없기 때문으로 빚은 모두 외국으로부터 들어온 자금에 의해 처리되기 때문이다.

이 4.4%라는 숫자는 1986년 미국의 연간 부채 3.4%와 비교하면 확실히 1%가 증가했다는 사실을 알려준다. 이런 식으로 부채가 증가하는 것에 의해 달러의 실질적 가치는 저하되고 있다. 1985년 3월과 비교하면 달러의 구매력은 무려 12%나 감소되었다. 1994년과 비교해도 31%, 즉 구매력이 3분의 1로 축소되어버렸다.

그러나 그런 부채를 짊어지고 있는 상황 속에서도 국민들의 투자는 증가하고 있다. 2000년 GDP의 13.9%가 IT산업에 투자되었다. 미국인은 저축을 하지 않는다. 그렇기 때문에 해외로부터 돈을 빌려 투자하는 묘한 상황이 벌어지고 있다.

수치를 바탕으로 살펴보면 부채 상황은 우려할 만한 수준이다. 1994년 버블경제가 찾아오기 이전에는 수입의 6.6%를 저금했는데 2001년에는 그것이 마이너스 1.2%, 즉 평균치를 보면 저금이

늘기는커녕 모든 것이 빚투성이가 되어버렸다.

이렇게 살펴보면 미국 전역이 빚더미에 파묻혀 경기가 급속도로 나빠진다고 해도 이상한 상황이 아니다. 하지만 지금 미국의 경기는 오히려 좋아지고 있다. 월가의 관계자는 중간선거에서 여당인 공화당이 보기 드문 승리를 거둔 이유는 경제가 알려진 것처럼 나쁘지 않기 때문이라고 지적한다.

미국 경제는 2001년 9·11테러 이후의 경제 쇼크를 웃도는 거대한 침체에 빠진 것은 아닌지 걱정되고 있는데 이대로 가면 그런 걱정은 할 필요가 없다는 견해가 나오고 있다.

표면적으로 보면 2002년의 미국 경제는 바람직하지 않은 양상을 자주 보였다. 2002년 12월에는 미국에서 두 번째로 큰 항공회사인 유나이티드항공이 파산했다. 9·11테러 이후 40억 달러의 영업손실을 낸 것이 원인이라고 알려져 있는데 사실은 경영 자체가 제대로 이루어지지 않았다. 그뿐 아니라 바람직하지 못한 사건이 잇달았다. 엔런과 월드콤의 스캔들, 테러 위험. 하지만 2002년을 전체적으로 살펴보면 IT기업의 수익이 향상되고 서비스 관련기업도 영업성적이 나아졌다. 새로운 주택의 건설이 증가하고 중고주택의 가격도 평행하여 10%나 올랐다.

미국의 이런 호경기는 경제 전체의 지표에서 보면 이해하기 어렵다. 예를 들면, 2002년 9월의 공업생산지수는 8월과 비교하여

1% 저하, 더구나 산업계의 조업률은 생산능력의 75.9%에 지나지 않는다. 실업자 수도 증가하여 10월 둘째 주에는 365만 명에 달했다.

한편, 금리는 1963년의 케네디 암살 시대보다도 낮다. 2002년 12월 말 현재 1.25%까지 내려가 있다. 이런 상황에서 왜 경기가 향상되고 있는 것일까. 지금까지의 상식과는 상반되는 결과다.

분명한 점은 전세계에서 미국에 자금이 유입되고 있다는 사실이다. 2001년 1월부터 2002년 9월까지의 21개월 동안, 미국으로 유입된 자금은 1조 달러, 1년 평균 5천억 달러의 자금이 미국으로 흘러 들어오고 있다.

미국으로의 자금 유입은 과거 9년 동안을 합쳐 3조 4,500억 달러에 달한다. 자세히 살펴보면 1994년 천억 달러였던 것이 이듬해에는 1,500억 달러, 그리고 1996년부터 1998년까지의 3년 동안에는 매년 3천억 달러, 그후 2년 동안은 매년 4천억 달러가 되어 있다. 그리고 2000년부터 2002년까지가 매년 5천억 달러가 되어 있는데 이 숫자는 앞으로도 증가할 것으로 예상된다.

미국의 경기 상황에서 이해하기 어려운 섬은, 이런 지금 유입과 막대한 부채에 의해 경제가 움직이고 있다는 것과 큰 관계가 있는지도 모른다. 하지만 외국으로부터의 자금이 일단 중지되거나 줄어들게 된다면 세계 경제의 견인차인 미국 경제는 대혼란에 빠진다.

지금 세계 경제는 미국 경제가 막대한 부채에 의해 돌아가고 있다는 사실에 의존하고 있다고 말할 수 있다. 세계의 자금이 미국에 얼마나 많이 모여 있는가 하는 것은 일본에 대한 해외로부터의 투자가 급속도로 줄어들고 있다는 점에서도 일목요연하게 이해할 수 있다.

일본에 대한 해외로부터의 직접투자는 2002년 1월부터 6월까지 반 년 동안 50억 달러에 지나지 않았다. 2001년의 같은 시기와 비교하면 절반 이하로 줄어들었다. 그 중에서 39억 달러는 일본의 주식에 투자되었는데 그 금액은 2001년과 비교하면 무려 63% 이상 감소된 것이다. 반대로, 일본이 외국에 직접 투자한 금액은 166억 달러로, 2001년과 비교하면 25% 증가했다. 더욱 주목해야 할 점은 그 중 76억 달러는 유럽에 투자되었는데 전년도 대비 55% 증가했다는 것이다.

일본의 해외투자가 유럽에서 증가하고 있다는 사실은 놀라운 일이다. 미국의 경제분석가는 일본인이 감정적인 면에서 미국을 기피하여 유럽에 투자한 것이라고 판단하고 있다.

유럽 경제는 계속 축소되고 있으며 일본 이상으로 디플레경향이 강하다. 독일에서는 생명보험회사의 대규모 위기가 들끓고 있다. 독일 정부의 조사에 의하면 118개나 되는 독일의 생명보험회사 중에서 20개 사가 위기에 빠져 있으며 앞으로 3년에서 5년 사이에 그 숫자가 40개 가까이 증가할 것이라고 한다.

2002년 초 미국의 투자가들도 유럽 경제가 이제 확대될 것이라고 판단하여 투자를 시작했다. 그러나 유럽 경제는 확대되는 양상은 보이기는커녕, 앞에서도 설명했듯 사회주의적인 색채가 짙어져 기업활동이 저하되고 자본이 외국으로 빠져나가기 시작하고 있다.

일본의 경우에는 유럽 이상으로 심각해서 10년 연속 불경기에 놓여 있기 때문에, 미국의 투자가들 중에는 일본 경제가 쇠퇴하기 시작했다고 지적하는 사람도 많이 있다. 일본 금융청의 조사에 의하면 불량채권은 계속 증가하고 있고 노령화에 의해 생산성이 저하되고 있을 뿐 아니라 자산도 눈에 띄게 감소하고 있다고 한다.

일본과 유럽의 경제가 축소되기 시작하자 세계인들은 투자할 장소는 미국밖에 없다고 생각하여 미국으로 투자자금이 유입되고 있는 것이다. 결국 투자가들의 입장에서 볼 때 미국이 가장 안전한 투자장소다. 그렇기 때문에 유럽, 일본, 그리고 개발도상국 어디와 비교해도 훨씬 많은 자금이 유입되고 있다.

이런 상황은 경제의 우열에 의해 자금이 들어온다는 기존의 원칙과는 다르다. 정치적으로 안정되고 장래성이 있기 때문에 자금이 들어가고 있다. 그리고 그 자금이 구매력을 낳아 부채이든 예금이든 구매력의 원천과는 관계없이 경제가 움직이고 있는 것이다.

하지만 미국의 입장에서 볼 때 지금과 같은 상황이 언제까지 이어질지 불안할 수밖에 없다. 상황이 바뀌는 경우에는 세계 경제에는 무서운 사태가 발생할 것이다.

미국의 부채가 증가하고 있는 가장 큰 원인은 경제경쟁력이 유럽이나 일본보다 뒤떨어져 있기 때문에 무역경쟁에서 뒤처져 있다는 데 있다. 미국의 무역적자는 여전히 증가하고 있어 2002년에는 연간 5천억 달러를 돌파할 것으로 보았지만 경제 전체의 신장률을 포함하면 4천억 달러를 조금 넘는 수준에서 마무리될 전망이다.

미국의 무역적자 확대는 수출 신장이 이루어지지 않는 것에 원인이 있다. 외국과의 수출경쟁에서 이길 수 있는 능률적인 공업능력을 갖추고 있지 않기 때문이다. 유럽에 대한 미국의 무역적자는 2001년에는 천억 달러를 넘었다. 그 가장 큰 이유는 공업제품 수출이 크게 하락했기 때문인데 특히 독일과의 수출경쟁에서 철저하게 패배하여 적자를 증폭시켰다.

유럽에 대한 천억 달러의 적자 중에서 40%가 독일에 대한 적자다. 일본과의 무역적자는 2001년에 900억 달러였던 것이 2002년에는 25% 정도 감소되었다. 중남미 제국에 대해서도 무역적자가 증가했는데 특히 공업제품 수출에서의 적자가 31% 증가했다. 멕

시코와의 무역수지가 나빠진 것이 원인 중의 하나다. 아시아에 대한 무역적자도 중국을 합하여 1,950억 달러로 증가했는데 2001년과 2002년이 큰 차이는 없지만 공업생산품에서의 경쟁력 약화가 두드러졌다.

이런 공업생산성의 약화 때문에 발생하는 무역적자 증가는 상식적으로 말하면 경제력 약화라고 표현할 수 있다. 경제력이 약화되면 통화도 힘을 잃는다. 미국의 입장에서는 달러 가치가 낮아진다는 사실을 의미한다.

하지만 미국 정부는 여전히 강한 달러정책을 취하고 있고 달러를 약화시키지 않는 정치적 입장을 채택하고 있다. 왜 달러를 강하게 유지하고 약화시키지 않으려 할까. 그 이유는 앞으로 달러가 약화될 것이라는 전망이 나오면 세계의 투자가들이 자산 감소를 우려하여 달러를 매입하지 않게 되기 때문이다. 즉, 달러가 미국으로 들어오지 않게 되는 것이다. 이것이 미국이 안고 있는 치명적인 모순이다.

공업생산성이라는 관점에서 보면 달러의 가치는 더 낮아져야 한다. 달러의 가치를 낮추면 공업제품을 쉽게 팔 수 있고 무역적자를 막을 수 있다. 그 결과 해외로부터 자금을 들여오지 않아도 수지결산을 맞출 수 있다.

하지만 해외의 자산가들이 달러의 가치감소를 우려하지 않게 하려면 정치적으로 강한 달러정책을 취하여 강한 달러를 유지해야 한다. 그 결과 미국의 공업제품은 수출경쟁에 패하여 적자가 증가하며, 해외로부터 보다 많은 자금을 들여와야 한다.

1990년대 미국의 호경기는 이런 모순 위에서 성립되었다고 말할 수 있다. 미국은 강한 달러정책을 취했다. 그 때문에 해외로부터 수많은 자금이 안전하고 장래성이 있는 시장인 미국으로 유입되었다.

그러나 공교롭게도 강한 달러에 의해 미국의 적자는 증가했고 미국은 더 많은 자금을 해외로부터 들여오게 되었다. 이것은 모순으로 가득 찬 그칠 줄 모르는 악순환이다. 단 한 가지 분명한 점은, 미국인들이 무역에서 부채를 증가시키고 그 부채를 해외로부터의 투자로 처리하는 한 미국의 자산은 시간이 흐를수록 외국인의 소유가 된다는 것이다.

이런 상황이 버블이라고 불리는 IT경기의 배후에서 이어지고 있다. 그 결과 미국인들은 빚에 허덕이는 생활에 빠져버렸다. 미국인들의 부채가 증가하고 해외로부터의 투자가 증가함에 따라 대부분의 미국 자산이 외국인의 소유물이 되는 것은 피할 수 없는 결과다.

1994년 미국 전체 자산의 8%인 1조 5천억 달러가 외국인 소유였다. 그런데 2001년에는 전체 자산의 23%인 4조 9천억 달러가 외국인의 소유가 되었다.

이런 데이터는 꽤 많이 있는데 더 이상 언급하지 않기로 한다. 미국의 자산이 외국인 소유가 된다는 것은 당연히 자산에 대한 가치평가가 외국 통화와의 비교에 의해 크게 좌우된다는 사실을 의미한다. 이런 일이 계속 이어지면 미국의 달러체제는 경제적으로 성립될 수 없는 상황에 놓인다.

미국의 달러체제는 강한 달러정책의 성공에 의해 세계인들에게 쉽게 받아들여졌다. 하지만 그 결과 미국의 달러자산이 외국인 소유가 되어버린 얄궂은 결과를 낳았고, 달러체제 그 자체의 장래에 의문과 불안이 발생하고 있는 것이다.

달러체제는 끝나는 것인가

2

외국인이 달러자산을 계속 매입하여 미국의 달러자산 중 3분의 1이 외국인 소유가 되었다는 사실은 달러경제권의 장래를 매우 불안하게 만들고 있다.

지금까지도 달러는 몇 번이나 위기상태를 맞이했다. 1970년대에는 미국 기업이 유럽에 축적되어 있던 달러를 지나치게 많이 빌렸기 때문에 발생한 '유로 달러의 위기', 그리고 그후 1980년대에는 일본 경제가 확대된 결과 일본의 엔에 의해 달러가 좌우되는 위기가 있었다. 그리고 두 번의 위기는 미국의 경제력이 아닌 정치력에 의해 처리되었다.

그건 그렇고 달러체제는 대체 무엇일까.

달러는 브레튼우즈협정에 근거하여 세계통화로서 지위를 확립했다. 제2차 대전이 끝나기 전 해인 1944년 전세계의 경제학자와 재계인사 700명이 미국 뉴햄프셔주의 휴양지 브레튼우즈에 모여 대전 이후의 금융체제에 대해 논의했다.

그 중심이 된 인물은 영국의 경제학자이며 정치가이기도 한 존 케인즈(당시 61세)와 미국의 해리 덱스터 화이트 재무장관이었는데 긴 논의의 끝에 내려진 결정은 파운드를 보조 역할로 삼아 달러를 국제적인 통화로 인정한다는 것이었다.

그때까지 세계는 아직 금본위제를 채택하고 있었지만 미국은 이미 국내에서 금본위제를 폐지하고 국제간 결산에만 금본위제를 사용하는 구조를 채택하고 있었다.

미국이 제2차 대전의 주역이며 승리자임과 동시에 당시 가장 풍부한 경제력을 가지고 있었다는 점에서 달러를 기축통화로 삼는다는 데는 이의가 제기되지 않았기 때문에 1트로이온스(troy ounce. 1트로이온스는 약 31그램)의 금을 35달러, 바꾸어 말하면 1달러를 35분의 1트로이온스의 금으로 결정, 각국 통화와의 교환비율을 정했다. 그와 동시에 IMF와 세계은행을 설치하여 자금이 풍부한 국가가 자금이 부족한 국가를 돕는 시스템도 확립했다.

이 브레튼우즈협정은 제1차 대전 이후 독일의 경제불황이 세계적인 불황과 경제혼란을 야기하여 히틀러의 등장을 촉진시킴과 동시에 제2차 대전을 발생시켰다는 점에 반성하여 두 번 다시 이와 같은 경제위기가 발생하지 않도록 한다는 것이 목적이었다. 원래 가장 큰 목적은 유럽 중앙부의 경제가 독일 마르크의 파산에 의해 세계적인 불황을 초래하는 현상을 막는 것이었다. 미국의 달러로 독일의 마르크를 보완하려 한 것이다.

케인즈를 비롯하여 브레튼우즈에 모인 사람들은 제1차 대전 이후 자금부족에 허덕이던 독일이 심각한 인플레이션에 부딪혀 유럽 중앙부가 경제적·정치적으로 막다른 곳에 몰렸던 사실을 기억하고 있었다. 따라서 그런 상황만큼은 두 번 다시 되풀이되지 않도록 결의한 것이다.

브레튼우즈협정은 마샬플랜을 낳았고 NATO를 탄생시켜 소련에 대한 냉전시대의 가장 중요한 조직이 되었다. 이 브레튼우즈협정은 파멸의 늪에 빠져 있던 일본 경제와 엔화도 구하는 역할을 했다. 하지만 이것은 원래 보조적인 문제였으며, 케인즈를 비롯한 관계자들의 머릿속에 있었던 것은 독일과 유럽 중앙부를 다시 혼란에 빠뜨리지 말자는 것이었다.

그것이 다행스럽게도 소련을 상대로 냉전을 치르는 데 있어서 유럽 제국을 크게 도와주게 되었다. 동시에 일본 경제도 원조하게 되어 소련 공산주의에 대한 또 하나의 강력한 경제체제를 만들게 되었다. 즉, 달러체제는 정치적으로 보면 독일을 중심으로 유럽 중앙부의 부흥을 돕고 일본 경제를 확대한 구조다. 그 배경에는 유복한 미국의 부가 존재했다.

1929년 미국은 대공황을 맞이하여 경제가 파멸상태에 놓였지만 프랭클린 루스벨트의 뉴딜 정책과 풍부한 자원, 강력한 농업, 거대한 시장에 의해 눈 깜박 할 사이에 경제를 회복시켰다. 제2차 대전이 시작되었을 즈음에는 포트녹스에 위치한 육군기지 저장고에 막대한 양의 금이 축적되어 있었다.

제2차 대전 이후 국제적인 통화로 등장한 달러체제에는 미국의 남아도는 재력과 포트녹스의 막대한 금이 배경에 깔려 있었던 것이다. 그 힘이 제2차 대전 이후의 황폐화 현상을 극복하는 계기가 되었고 뒤이어 발생한 냉전시대를 승리로 이끄는 견인차 역할을 담당했다.

경제적으로 보면, 달러는 미국이 가진 막대한 금의 힘을 배경으로 국제적인 거래의 기본적인 도구가 되었다. 그런 달러체제가 흔들리기 시작한 것은 1967년경이다.

미국은 냉전 때문에 막대한 경비를 사용했고 독일과 일본의 경제를 부흥시키기 위해 금을 사용했는데 그후에 베트남전쟁이 시작되었다. 미국 본토에서 수천 킬로미터나 떨어진 정글 안에서의 전쟁은 미국의 자산을 계속 감소시켰고 포트녹스에 축적되어 있던 금도 한계를 보이기 시작하여 달러체제가 흔들리기 시작한 것이다.

미국의 달러체제는 브레튼우즈협정이 성립된 지 20년 동안, 미국의 강력한 힘을 배경으로 세계를 움직였다. 그러나 1967년 이후 미국의 부가 고갈됨과 동시에 수많은 문제들이 발생했다.

우선, 1970년대 초에 발생한 '유로 달러' 문제다. 유로 달러는 경제적으로는 여러 가지로 설명할 수 있지만 결국 결제통화로서의 독일의 마르크가 중개역할을 하는 구조를 가리킨다. 독일의 경제가 정치적으로 안정됨과 동시에 성립된 구조로 독일의 마르크가 유럽에서 실질적으로 달러의 역할을 담당하게 되었다. 이런 유로 달러는 20년 동안 이어져온, 미국의 달러만에 의한 세계경제지배체제를 뒤흔드는 존재이기도 했다.

유로 달러는 냉전 아래에서 미국의 군사력이 절대적으로 필요하다는 이유에서 자주 문제가 되었는데 기본적으로는 달러가 세계에서 유일한 세계통화라는 점을 유지하는 형태로 이어져 왔다.

1971년 닉슨 대통령이 달러와 금을 완전히 전환함과 동시에 달러는 경제의 힘에 의해서가 아니라 정치의 힘에 의해 세계의 기축통화로서의 지위를 유지할 수 있게 되었다. 하지만 그 대신 각국의 통화가 독자적으로 변동하게 되어 달러의 가격 그 자체가 매우 불안정해졌다.

달러의 가치가 단번에 하락된 것은 1985년 9월 22일에 개최된

프라자합의에서다. 그후1987년까지 2년 동안 미국의 달러는 50%나 가치가 떨어졌다. 그 이후 달러의 가치는 오르내리는 양상을 보이기는 했지만 안정되어 있다. 달러가 독자적으로 세계 경제를 움직이고 기축통화로서의 힘을 유지한 것은 1946년부터 20년 동안이었다고 말할 수 있다.

현재의 달러체제는 본래의 사명을 이미 끝낸 체제라고도 말할 수 있다. 미국만이 풍부한 금과 자산을 가지고 있던 시대는 끝났다. 독일과 일본을 혼란 속에서 구해내고 세계적인 불황을 막는다는 역할은 그 소임을 다한 것이다. 즉, 달러가 기축통화로서 모든 통화의 기초가 되는 상황은 막을 내린 것이다.

하지만 달러체제는 경제적인 상황과는 관계없이 지금도 여전히 작동하고 있다. 미국이 독주하는 정세 속에서 미국의 정치력과 군사력은 갈수록 강해지고 있다. 미국 정부는 강력한 군사력과 정치력을 이용하여 강한 달러정책을 추진하고 있으며 세계의 자금을 정치력으로 끌어모으려 하고 있는 것이다.

달러를 둘러싼 정세가 완전히 바뀌어 경제적으로 볼 때 미국은 수많은 국가들 중의 하나라는 환경이 되었는데도 불구하고 달러만은 1944년 제2차 대전 당시의 혼란스런 상황에서 취하던 입장과 역할을 여전히 유지하고 있다.

브레튼우즈협정에 의해 달러체제가 성립되었을 때의 정세를 생각하면 달러체제 시대는 분명히 막을 내렸다. 정치력에 의해 새로운 달러의 역할을 만들려 한다면 다른 구조가 필요하다. 앞으로 어떤 통화체제가 형성될 것인지는 알 수 없지만 한동안은 혼란이 이어질 것이다.

미국은 일본의 엔을 노리고 있다 *3*

미국은 지금 달러체제를 유지하기 위해 일본의 엔을 원하고 있다. 그리고 엔화를 자유롭게 활용하기 위해 일본의 금융기관을 마음대로 조종할 수 있는 구조를 갖추고 싶어한다.

일본의 매스컴이나 일부 정치가가 다케나카 재정금융장관의 금융개혁을 미국의 앞잡이 같은 개혁이라고 말하는 이유는 미국의 이런 요구와 강한 연관성이 있다.

일본의 금융기관은 원래 메이지시대 이후 정부기관의 일부로 여겨져 왔다. 그리고 지금 정부가 실시하고 있는 경제정책만으로는 쇠퇴기로 접어든 일본 경제를 다시 부흥시키기는 어렵다. 일본의 은행이 새로운 구조와 새로운 사고방식에 의해 움직이지 않는다면 일본 경제를 다시 확대시킬 수 없다. 그러나 일본의 은행을 정부기관에서 독립시켜 시장경제라는 구조 안에서 활동할 수 있도록 한다면 일본 경제를 다시 확대시킬 수 있다.

하지만 일본의 은행들의 구조개혁에 의해 자유시장체제로 들어가게 된다면 자연스럽게 강력한 미국의 체제 아래에 놓이게 되고 일본의 엔은 달러가 지배하는 미국에 흡수된다. 일본의 엔 자금이 일본의 은행들의 손에서 빠져 나와 미국으로 유입되면 달러가 안정되고 미국 경제가 확대된다. 이미 살펴보았듯 지난 10년 동안 미국으로 자금이 계속 유입되면서 미국 경제는 발전해 왔다. 그와는 반대로, 일본 경제에는 돈이 돌지 않아 일본 경제의 쇠퇴로 연결되었다.

미국의 조릭 통상대표는 내게 이렇게 말했다.

"지금 미국은 일본의 금융시장이 자유화되어 자본이 자유롭게 움직일 수 있게 되기를 바라고 있습니다. 자금이 자유롭게 움직일 수 있게 되면 경제가 확대되고 일본 경제는 다시 활성화될 것입니다."

그리고 다음과 같이 덧붙였다.

"이제 일본에 대해 생산품, 농산품 등의 시장개방은 요구하지 않을 것입니다. 금융시장 개방을 요구할 뿐입니다."

이 말처럼 미국이 일본의 금융시장 자유화를 요구하고 있으며 일본으로부터의 자금 유입을 바라고 있다는 것은 분명한 사실이다.

지금까지 살펴보았듯이 달러는 일본의 엔을 절실하게 원하고 있다. 미국 정부의 수뇌가 일본에 대해 강력하고 요구하고 있는 불량채권 처리 문제는, 뒤집어 표현하면 불량채권을 끌어안고 있는 일본의 금융기관을 없애달라는 요구다.

불량채권을 처리할 수 없는 상태는, 월가가 일본의 금융시장에 참가하는 데 장애가 된다. 단순하게 말하면, 미국은 일본의 엔 자금이 필요하며 그렇기 때문에 '불량채권을 처리해서 미국이 일본의 금융기관을 이용하기 쉽게 해달라'는 것이다.

지금부터 58년 전 브레튼우즈협정이 성립되었을 때, 미국에는 남아도는 자산과 포트녹스 기지의 창고를 가득 채운 금이 있었다. 그 금의 양만큼 달러를 찍어낼 수 있었던 것이다. 바꾸어 말하면, 금 자산을 달러로 전환시키는 것이 가능했고 그것에 의해 달러가 기축통화로서의 역할을 완수해 왔다.

하지만 이제 기축통화로서의 역할을 담당하고 있는 달러가 그 기본을 이루는 자산을 잃어가고 있다. 이제 미국이 기축통화로서의 달러의 입장을 유지하려면 정치력을 구사하는 수밖에 없다. 정치력을 구사하여 외국의 통화를 미국으로 유입하는 것이다.

미국이 정치력을 구사하여 기축통화로서의 달러의 입장을 지키려 한다면 듣기에는 그럴 듯하지만 사실은 종이조각에 '달러'

라고 인쇄해서 미국의 정치력으로 그것을 사용한다는 의미다. 그리고 그런 정치력을 구사한 움직임 중의 하나가 일본의 금융기관을 자유자재로 움직여 엔화를 미국의 일부로 사용하는 것이다.

지금 내 책상에는 미국 은행협회에 간부로 근무했던 사람이 쓴, 일본 금융체제의 개혁과 불량채권 처리를 요구하는 문서가 놓여 있다. 이것은 2001년 4월 미국 재무성에 의견서로 보내졌는데 그 내용이 매우 흥미롭다.

가장 주목되는 부분은 어째서 일본의 금융시스템을 바꾸어야 하는가 하는 부분이다. 이 문서는 우선, 일본의 금융기관이 냉전시대에 미국의 협력을 얻어 서방측의 경제력을 강화하기 위해 일본의 세금을 사용하여 성립된 것이라고 지적하고 있다.

그렇게 성립된 내용은 재정투융자 자금이며 우편저금 자금이다. 일본 정부는 일본의 은행 등 금융기관을 자유롭게 이용하여 냉전시대에 그런 자금을 매우 효과적으로 운용하면서 일본 경제를 강력한 존재로 만드는 데 성공했다.

그러나 냉전이 끝난 지금 그 역할도 막을 내렸고 일본 정부는 금융기관을 새로운 글로벌시대의 요청에 맞추는 형식으로 바꾸어야 한다고 주장하고 있다. 더구나 냉전시대에 성립된 일본의 금융기관이 실수로 남긴 불량채권은 모두 파산 처리해야 한다고 주장한다.

냉전이 끝났으니까 일본의 옛 금융기관의 역할은 끝났다는 주장은 미국식이다. 미국은 냉전을 치르기 위해 일본의 금융기관이나 재정투융자가 필요하다고 생각했고 그것을 효과적으로 사용했다. 하지만 냉전이 끝나 국제화시대가 되었으니까 일본의 금융기관은 더 이상 쓸모가 없다는 말은 다른 문제는 제쳐두고 불량채권 처리만을 주장하는 것과 같아 일본을 독립된 국가로 다루고 있다고 말하기 어렵다.

미국 정부가 일본에 불량채권 처리를 요구하고 있는 배경에는 일본의 옛 금융기관을 모두 처리하겠다는 자세가 깔려 있다. 장기은행을 파탄시키고 신생은행으로서 미국이 채택한 방식을 일본의 모든 유력 은행에 적용하려는 것이다.

이 점에 대해서는 미국 정부도 확실하게 언급하고 있지 않고 일본은 독자적인 판단에 의해 이 문제를 처리하려 하고 있다. 하지만 이것은 일본이라는 국가의 존속과 관련된 기본문제가 아닐까.

냉전시대 일본은 미국으로부터 일방적인 협력과 원조를 받았다. 그런 협력과 원조 덕분에 일본의 공업세는 부흥했디. 미국은 한국전쟁이 시작될 때까지는 일본의 공업능력을 모두 파괴해버리겠다고 생각하여 기계류를 한국이나 아시아국가들에 나누어 주려 했다.

그대로 있으면 일본의 공업능력은 전멸할 상황이었다. 그러나 한국전쟁이 시작되었고 미국이 전쟁 때문에 일본의 공업능력을 필요로 하기 시작하면서 기계류는 모두 일본의 공장으로 돌아왔다. 공장으로 돌아온 기계에는 타이완이나 한국, 필리핀, 말레이시아 등으로 송출하는 화물표가 붙어 있었다고 한다.

미국은 한국전쟁을 치르면서 소련을 냉전 상대로 삼기 위해 일본의 공업능력이 필요하게 되었고, 그 결과 일본의 공장을 해체한다는 계획은 취소되었다. 그리고 냉전이 끝난 지금 일본의 금융기관은 필요 없는 존재가 되었다. 불량채권 처리라는 명목으로 일본의 은행을 궤멸시켜도 상관없다는 사고방식은 내 책상 위에 놓여 있는 문서에서 충분히 간파할 수 있다.

물론 미국은 이런 내용을 표면적으로 밝히지는 않는다. 다음과 같이 표현할 뿐이다.

"글로벌시대가 된 이상, 일본의 과거의 은행시스템은 필요 없게 되었다."

1980년대 냉전이 끝날 때까지 미국은 적어도 일본에 대한 이런 노골적인 행동은 피해 왔다. 그러나 이제 미국은 분명하게 드러내놓고 주장하기 시작했다.

"80년대 일본은 미국을 추월했다. 제팬 이스 넘버원이라는 말까지 나왔지만 일본이 냉전시대에 경제를 자유롭게 확대할 수 있었던 것은 미국이 특별히 배려했기 때문이다."

미국은 정치력을 배경으로 달러를 마음대로 인쇄하여, 일본이 자동차나 컴퓨터를 팔아서 이익을 올리듯 달러라고 쓴 종이조각을 세계인들에게 건네어 경제를 확대했다. 이런 미국의 입장에서 볼 때 쾌적한 상황을 계속 유지하려면 달러의 입장을 유지해야 할 필요가 있다. 그리고 그렇게 하려면 일본의 자금이 필요한 것이다.

일본의 은행은 냉전이 끝난 지금 미국의 관계자들 사이에서는 완전히 악당이 되어버렸다. 일본의 은행은 항상 엄한 비판의 대상이 되고 있다.

백악관의 전문가는 이런 말을 한 적이 있다.

"일본의 은행들의 내용은 매우 불투명하다. 정부에 의해 엄한 감독을 받고 있는데 그 내용은 지극히 애매해서 사우디아라비아의 은행보다도 불투명하다. 세계에서 자기 나라의 자금이 남아도는 국가는 사우디아라비아와 일본뿐이다."

이처럼 일본의 은행은 사우디아라비아의 은행보다 내용이 불투명하다고 지적한 뒤에 기업의 주가에 대해서도 어떤 형식으로 얼마나 가지고 있는지 전혀 알 수 없다고 엄한 비판을 했다. 미국 정부의 내부에는 사담 후세인, 김정일과 일본의 은행을 나란히 세워놓고 '반드시 처리해야 할 대상'이라고 말하는 사람도 있다.

일본은 앞으로 은행이나 일본 엔의 입장을 지키기 위해 재정정책이나 금융정책뿐 아니라 정치력이나 군사력에도 의지해야 한다. 통화와 금융기관은 군사력이나 정치력이 그 배경에 깔려 있지 않으면 존재할 수 없다는 것이 세계의 상식이다.

미국은 앞으로 자신의 정치력과 군사력을 증명하기 위해 이라크와의 전쟁을 시작할 테지만 그 전쟁방식이나 결과가 미국의 통화인 달러와 금융기관의 가치를 결정하게 될 것이다. 그러나 결과가 어떤 것이든, 미국은 달러의 입장을 유지하기 위해 일본의 엔을 더욱 강하게 요구할 것이다.

제10장

일본의 평화주의는 패배했다

북한·중국과
싸우지 않으면 안 된다

1

제2차 대전 이후 일본인은 평화주의를 표방하고 오직 비즈니스만을 위하여 전세계를 뛰어다녔다. 일본인은 가방 하나를 달랑 손에 들고 리우데자네이로까지 날아갔고 요하네스부르크까지 달려갔다. 일본의 군사력과 정치력은 의지할 만한 대상이 아니었다. 일본은 군사력을 완전히 배제한 상태에서 전세계를 뛰어다닌 것이다.

하지만 지난 반세기 동안 일본인은 평화주의적 삶이 미국의 군사력 아래에서만 가능하다는 사실을 망각하고 있었다. 따라서 1989년 베를린장벽이 무너지고 냉전이 끝났을 때 "이제 소련과 미국의 군사력은 의미를 잃었다. 전세계에 평화가 찾아올 것이다”라고 착각했다.

나는 여기에서 '착각' 이라고 표현했는데 일본에서만 생활한 평론가나 정치가들은 "냉전이 끝난 상황을 평화라고 생각하는 것은 착각이다”라는 말의 의미조차 제대로 이해하지 못하는 사람들이 많았다.

그들은 이렇게 생각했다.

“소련의 군사력이 사라졌고 그 이름도 러시아로 바뀌었다. 동시에 지구를 뒤덮고 있던 미국의 군사력도 사라졌다. 이제 진정한 평화가 찾아왔다.”

하지만 그런 소박한 생각이 잘못이었다는 것은 얼마 지나지 않아 밝혀졌다.

우선, 국가 · 경제적으로는 일본의 20분의 1에 지나지 않는 북한이 미사일을 만들고 핵무기를 개발하여 군사력으로 일본을 위협하기 시작했다. 물론 이것은 일방적으로 위협하기 시작했다는 단순한 사태는 아니다. 일본의 부패한 정치가가 북한의 움직임에 호응하여 일본을 팔아버리는 듯한 비열한 징치를 계속한 것이 북한을 성장시킨 것이다. 하지만 현실적으로 북한의 군사력에 위협을 당하게 되었고 세계인들은 일본을 안정된 경제대국으로 보지 않게 되었다.

중국은 냉전 이후에 분명하게 일본을 적으로 규정하고 있었다.

이제 미사일이나 핵무기로 일본을 제압할 수 있다고 생각하여 일본을 상대로 하고 싶은 말을 마음껏 하고 있다. 일본의 수상이 야스쿠니신사에 참배해서는 안 된다는 중국의 주장을 받아들였을 때, 세계인들은 중국의 핵무기와 미사일 앞에 일본이 무릎을 꿇은 것이라고 생각했다.

이렇게 해서 1980년대까지 평화주의를 표방하며 전세계를 뛰어다녔던 경제대국 일본은 이제 대국이라는 이름조차 부끄러울 만큼 이웃의 두 나라 북한과 중국의 군사력에 위협을 받게 되었다.

냉전이 끝나고 세계가 평화로워지기는커녕 일본 자신이 두 개의 군사국가에 압박을 당하는 상황이 벌어진 것이다. 이런 일본의 상황이야말로 냉전이 끝나면서 평화주의가 더욱 멀어졌다는 사실을 여실히 증명하고 있다. 냉전 이후의 혼란은 멀리 보스니아에서도 발생하고 있다. 일본도 그 한가운데 놓여 있다는 사실을 일본인들은 아직 깨닫지 못하고 있다.

일본은 평화헌법을 만들어 군사적인 모든 노력을 포기하고 경제 확대에만 매달려 왔다. 일본의 그런 방식은 냉전시대, 미국과 소련의 힘 아래에서 세계가 안정되어 있었을 때에는 매우 유리한 것이었다.

하지만 그런 평화로운 시대가 막을 내리고 평화주의가 패배한 지금, 세계인들은 자신의 힘으로 테러리스트의 손으로부터 안전

238

을 도모하고 세계를 보다 안전한 장소로 만들기 위해 군사적인 노력이 필요하다고 생각하기 시작했다.

테러리스트의 위험에 대한 전쟁을 미국이 도와주지 않는다. 아니 국제연합조차 도움이 되지 않는다. 미국은 지금까지 적으로 여겨 왔던 소련이 제3국에 해당하는 국가들을 자기편으로 끌어들일 것을 두려워하여 소련의 편을 들지 않는 제3국은 자기편으로 인식하고 이들에 대한 원조를 아끼지 않는 방법으로 자신의 진영으로 끌어들였다.

냉전이 있었고 핵 억제력이 있었기 때문에 일본은 군사력이 없어도 세계를 상대로 비즈니스를 할 수 있었고 경제를 확대시킬 수 있었던 것이다. 그런 이상한 환경 아래에서 일본에서는 평화주의의 기틀이 되는 평화헌법, 자민당과 사회당(지금은 존재하지 않지만), 그리고 자국을 비방하는 데만 열을 올리는 신문이라는 삼인방이 활기를 띠는 시대가 이어졌다.

냉전은 끝났다. 하지만 평화로운 시대가 찾아온 것은 아니다. 이제 그 삼인방은 시내에 완전히 뒤처지게 되었다. 시대에 뒤처진 사고방식을 배제하지 않는 한, 일본은 북한의 적의와 중국의 압력 아래에서 옴짝달싹도 할 수 없는 상황에 몰릴 것이다. 하물며 세계 국가들의 신뢰를 회복하는 것은 불가능한 일이다.

일본의 경제가 쇠퇴하기 시작한 것은 경제문제가 아니라 국가로서의 쇠퇴가 시작되었기 때문이다. 관료제도, 규제, 불량채권이 경제부흥을 뒤처지게 만들고 있다는 것은 분명한 사실이지만 무엇보다 이웃 두 나라의 압력에 짓눌려 의지를 잃은 일본인 자신이 경제쇠퇴의 원인 그 자체다.

"군사력도 없고 정치력도 없이 세계를 뛰어다니며 상품을 파는 시대는 끝났다."

일본인들은 이 점을 자각해야 한다. 비즈니스보다 먼저 세계를 안정시키기 위해 노력하고 희생을 지불하는 것이 국제사회의 일원이라는 증거가 되는 시대인 것이다.

1946년 이후 표방해온 평화주의는 이제 시대에 뒤처지게 되었다. 그런 사고방식을 끌어안고 있는 한 경제력은 쇠퇴될 뿐이다. 일본인이 평화주의를 표방하고 전쟁을 인식하지 않았던 시대, 미국이 봉쇄와 대량보복전략을 내세웠던 시대에는 군사활동과 경제는 별개의 존재였다. 따라서 일본인은 경제활동에만 총력을 기울이는 것에 의해 그 에너지를 세계에 드러내 보일 수 있었다.

하지만 일본은 자신의 힘으로 안전보장을 유지해야 하는 시대가 되었는데도 여전히 평화주의라는 깃발 아래에 숨어 있기 때문에 경제활동의 에너지까지 왜소화되어버렸다.

일본에서는 지금 불량채권을 처리하여 은행제도를 바꾸기만 하면 일본 경제가 다시 활발해지고 확대될 것이라는 '착각'이 존재한다. 그야말로 '착각'이다. 이 착각은 굳이 전쟁을 하지 않아도 세계가 바뀔 것이라는 달콤한 생각에서 발생한다.

경제도 역시 전쟁이며 새로운 경제를 확대시키기 위해서는 항상 미지의 상품에 대해 도전해야 한다. 새로운 상품을 만들어내겠다는 강한 의지에 의해 새로운 제품이나 시장이 성립된다. 그것이 경제를 쇠퇴에서 재기하게 할 것이며 경제활동을 확대시킬 것이다. 지금 쇠퇴하고 있는 일본 경제를 일으켜 세우려면 우선 싸우는 자세를 되찾아야 한다.

이제 세계는 IT전쟁 시대라고 불리고 있는데 일본은 과연 전쟁을 치르고 있는 것일까. 휴대전화나 액세서리만을 팔고 있는 것은 전쟁이 아니다. IT시대란 컴퓨터에 의한 새로운 커뮤니케이션 비즈니스의 시작인 것이다. 그리고 이 커뮤니케이션 비즈니스에서 살아남으려면 항상 새로운 제품, 새로운 아이디어, 그리고 시장을 개발해야 한다. 타성에 젖어 움직이는, 이른바 투쟁정신이 없는 비즈니스 활동으로는 정체된 일본 경제를 일으켜 세우기 어렵다.

미국에서는 1994년경부터 텔레비전 방송국 시대는 끝났다는 말이 나돌기 시작했는데 지금은 『커머셜의 종말』이라는 책이 베스트셀러라고 한다. 10년 정도 전에 참석한 회의에서 들은 말이 떠오른다.

"이제 곧 브로드캐스팅은 시대가 끝나고 포인트캐스팅(point casting) 시대가 될 것이다."

미국에서는 수많은 사람들에게 같은 정보와 오락을 전달하는 시대는 끝나고 특정 정보와 오락을 한정된 사람들에게 제공하는 시대로 접어들고 있다. 그런 변화를 깨닫는 순간 투쟁정신이 넘치는 미국인들은 케이블과 컴퓨터를 중심으로 하는 방송과 통신의 일체화에 착수하여 관련산업 시장이 급속도로 확대되고 있다.

텔레비전 방송을 처음 시작한 것은 미국이다. 하지만 『커머셜의 종말』이라는 책이 베스트셀러가 되었다는 사실은 미국 사회가 완전히 새로운 구조로 움직이려 하고 있다는 상징적인 표현이다.

앞으로 미국의 이라크와의 전쟁이 끝난 이후 2005년쯤에는 김정일에 대한 전쟁도 본격화될 테고 전쟁에 의해 세계가 크게 바뀌는 형세가 나타날 것이다. 그런 상황 속에서 사회가 바뀌고 경제도 바뀐다. 시장이 바뀌는 것에 의해 새로운 제품이 필요하게 되고 세계 그 자체가 바뀐다.

일본의 평화주의는 패배했다. 일본도 이 새로운 세계의 구축에 참가하기 위해 새로운 전쟁을 시작해야 한다.

이야기가 옆길로 샜지만 일본이 경제적으로 부흥하려면 적어도 이웃 두 나라, 북한과 중국에 대해서는 대등하게 싸운다는 정신을 드러내 보여야 한다.

북한에 대해서는 수많은 일본인을 납치하는 범죄를 저지른 비밀공작본부에 대해 단호한 반격을 해야 한다. 특수부대를 보내 납치공작을 실시한 북한의 공작원을 포로로 붙잡아서 일본으로 끌고 오거나 시설을 파괴해야 한다. 일본 공격을 암시한 대포동 기지, 핵무기 제조에 사용할 농축 우라늄 저장고와 제조공장을 폭격기나 특수부대를 이용하여 파괴해야 한다.

일본이 지금 당장 이런 일을 할 수는 없지만 '그럴 상황이 된다면 한다'는 사고방식을 갖추는 것이 국제사회의 상식이다. 나는 이것이, 일본인이 국제사회에서 받아들여지기 위한 당연한 행동이라고 생각한다.

중국에 대해서는 다른 형태의 대응이 필요할 것이다. 중국도 미사일이나 핵무기를 배경으로 일본이 주권에 개입하고 있다. 중국의 지도자는 제2차 대전 중 일본의 침략에 대한 보복으로서 정치적인 개입을 실행하고 있는 것이다.

이런 중국에 대해서는 정정당당하세 반론을 제시함과 동시에 경제원조 등을 끊는 것이 당연하다. 중국은 일본과 전쟁을 계속할 생각일 것이다. 일본으로부터 경제원조를 받는다 해도 그 보복을 늦추지는 않을 것이다. 그런 상대에게 경제원조를 계속할 필요는 없다. 그 때문에 통상 마찰이 생긴다 해도 어쩔 수 없다고 생각해야 한다. 경제활동만을 중심에 두는 "이익만 올리면 된다"
는 천박한 사고방식은 버려야 하는 것이다

일본인은 왜 전쟁을 포기했는가

이제 꽤 오랜 세월 동안 교류를 가진 헨리 키신저 박사는 이런 말을 자주 한다.

"인간의 DNA는 바뀌지 않습니다."

즉, 인간은 항상 같은 일을 되풀이한다는 뜻이다. 이것이 인간의 숙명이다. 그와 마찬가지로 민족이나 국가에도 역시 DNA와 마찬가지로 그 움직임을 결정하는 무엇인가가 있다. 일본인은 역사가 어떻게 바뀌든 일본인이라는 사실을 바꿀 수 없다.

이 이야기를 할 때, 키신저 박사는 항상 입가에 자신감에 찬 미소를 짓는다. 키신저 박사는 일본인을 좋아하며 일본인이 우수한 DNA를 가지고 있다고 생각한다. 그래서인지 이 이야기를 할 때 그는 늘 다음과 같이 덧붙인다.

"일본인의 민족으로서의 DNA는 매우 우수합니다. 메이지유신 등의 대사업을 간단히 실행할 수 있는 민족은 또 없지요. 그 이상으로 우수한 점은 제2차 대전의 황폐화된 상황 속에서 세계 1, 2위의 경제를 만들어낸 것입니다. 이건 아무나 할 수 있는 일이 아니지요."

이렇게 덧붙인 뒤에 그는 항상 그것이 당연하다는 듯한 표정을 짓는데 그의 정의를 따른다면 평화주의는 일본인의 가장 중요한 DNA가 아니다. 일본인은 오히려 싸우는 민족인 것이다.

나는 일본인이 싸우기 위한 전략에 뛰어나다고 생각하지는 않는다. 그러나 장기적인 전략구상에서는 앵글로색슨에 뒤지지만 싸움에 대한 자세와 정열이라는 점에서는 앵글로색슨은 물론이고 그 밖의 다른 민족에도 결코 뒤지지 않는다고 생각한다.

그런 일본인이 1946년 이후에 완전히 바뀌어 모든 것을 초월하여 완전한 평화주의자, 싸우지 않는 민족이 되어버린 배경에는 커다란 이유가 있다고 생각한다.

우선, 일본인은 제2차 대전에서 너무 큰 피해를 입었기 때문에 싸움이 얼마나 어리석은 짓인지 뼈저리게 느끼게 되었다. 싸움이 그렇게까지 많은 희생을 강요한다면 차라리 싸우지 않는 것이 낫다고 생각하게 된 것이다. 즉, "싸움은 어리석은 짓이다"라고 생

246

각하게 된 것이다. 그리고 그런 생각이 전후 일본인의 싸움에 대한 의지를 철저하게 억제해버렸다.

일본인이 그런 생각을 하게 만든 제2차 대전의 거대한 사건은 두 가지라고 생각한다. 하나는 원자폭탄 투하이고 또 하나는 소련군의 갑작스런 만주침공이었다. 이 두 가지 사건에 있어서 당시의 지도자, 대본영(大本營)이라고 불린 전쟁 지도자들이나 외교의 본거지인 외무성은 국민들에게 미리 알리지 않았다. 사람들은 마치 기습을 당하듯 원자폭탄 세례를 받았고 소련군의 전차에 짓밟혔다.

이런 중대한 사건을 예측하지 못하여 정보를 얻지 못했던 지도자는 지도자라고 불릴 자격도 없다. 지도자는 싸움을 하면서 적의 이런 공격으로부터 부하를 지켜야 할 의무가 있다. 하지만 일본의 지도자는 원자폭탄 투하라는 정보를 입수하지 못했고 소련군이 국경을 넘어 만주로 진격한다는 움직임조차 예측할 수 없었다.

"그런 지도자 아래에서 싸울 바에야 차라리 항복하고 전쟁을 피하는 것이 낫다."

국민들이 이렇게 생각하는 것은 당연하다.

일본인의 전후 평화주의는 민족의 DNA에 바탕을 둔 것이 아니라 지도자에 대한 철저한 불신에서 비롯된 것이라고 생각해야 하지 않을까.

미국이 원자폭탄 개발에 힘을 기울이고 있었다는 사실은 당시의 다른 국가들은 충분히 예측하고 있었다. 로스알라모스에서 밤낮을 가리지 않고 개발이 진행되고 있다는 구체적인 정보는 별개로 치고, 수십만 명을 단번에 살육할 수 있는 최고의 폭탄이 미국에서 개발되고 있다는 사실을 많은 사람들은 알고 있었다. 일본의 지도자도 그런 정보는 들었을 것이다.

독일이 원자폭탄을 개발하기 위해 노르웨이에서 중수를 들여와 하루빨리 원자폭탄을 만들려 했던 이유는 미국에 대항하기 위해서였다. 독일은 미국이 일방적으로 원자폭탄을 사용하게 되면 반드시 미국에 보복하겠다고 통고하고 있었다. 즉, 미국에게 이런 식으로 경고한 것이다. "만약 독일의 원자폭탄이 미완성 상태라면 보복을 위해 모든 무기를 사용하겠다."

그러나 일본의 대본영을 비롯한 외무성은 이런 정보를 전혀 입수하지 못했고 보복도 생각하지 못했다. 그 때문에 원자폭탄이 투하되었을 때 일본인은 아닌 밤중에 홍두깨 식으로 어떤 폭탄이 투하되었는지조차도 이해하지 못하는 상태였다. 더구나 미군은 두 발의 원자폭탄을 일본에 떨어뜨렸다.

이것은 보복을 당할 걱정이 없다는 상황에서 실행된 매우 잔혹한 방식이었지만 그런 폭탄이 개발되고 있고 투하될 것이라는 사실을 전혀 예측하지 못하여 국민들에게 알리지 않은 일본 지도자의 책임은 매우 중대하다.

또 하나 소련군의 만주침공에 대해서 말한다면 이 역시 사전 경고가 전혀 없었다. 그 때문에 300만 명 이상의 일본인이 이런저런 형태로 손해를 보았는데 어째서 당시 일본의 지도자는 소련군의 진격을 예측하지 못했던 것일까.

소련의 스탈린은 1943년 11월 28일 테헤란의 소련 대사관에서 개최된 테헤란회의에서 미국의 루스벨트 대통령으로부터 만주 공격을 요청받았다. 루스벨트 대통령은 극동지역에서의 미군 피해를 최소한으로 줄이기 위해 일본에 대한 소련의 참전을 원했고 그 보답으로 수많은 전차와 비행기를 제공하겠다고 제안했다. 그 후에도 루스벨트는 거듭 스탈린에게 만주를 공격하라는 요청을 했으니까 일본의 지도자가 정보활동에 좀더 많은 신경을 썼더라면 스탈린이 만주를 공격할 것이라는 예측은 충분히 할 수 있었다.

하지만 당시 일본의 지도자는 무지몽매해서 스탈린이 일본과 미국의 전쟁을 끝내기 위해 중개역할을 해줄 것이라고 믿고 있었던 듯하다. 당시의 지도자들 중에서 높은 평가를 받았던 해군대장 요나이 미쓰마사까지도 "이제 슬슬 소련에게 중개를 요청해야 겠다"고 말했다고 역사는 기록하고 있다.

이런 지도자들 아래에서는 전쟁을 할 수 없다. 따라서 "차라리

처음부터 시작하지 않는 것이 낫다"는 평화주의가 대두해도 놀
랄 일이 아니다.

일본인을 맥 빠지게 만든 또 하나의 사건은 '가미가제 특공대'
라고 나는 생각한다. 특히 명령을 통해서 가미가제 특공대를 편
성하고 출격시킨 것이다. 나는 이 점에 대해 역사적으로 세밀하
게 조사해보지는 않았다. 하지만 당시의 서적을 읽어보면 쉽게
이해할 수 있다.

가미가제 특공대가 젊은이들의 열의에 의해 실행된 것이 사실
이라고 해도 '명령'을 통해서 반드시 죽는다는 각오로 젊은이들
을 출격시켰다는 사실은 어떤 변명을 하더라도 일본인들을 의기
소침하게 만들었다는 것이 내 생각이다. 그 때문에 국민이 두 번
다시 싸울 의욕을 잃어버렸다고 해도 이상할 것이 없다.

전후 일본인이 평화주의자로 변신한 이유는 희생이 너무 많은
전쟁을 강요당했기 때문인데 싸움에 대한 이런 의기소침한 기분
은 전쟁을 경험한 세대에서 다음 세대로 전달되어 일본을 싸우지
않는 국가로 만들어버렸다.

싸움에 대해 이야기하면, 일본인은 국가와 민족이라는 대의를
위해 싸우는 것만 생각한다. 미국의 경우에도 전쟁은 주의와 주
장을 위한 싸움이며 미국의 전쟁이라는 전제는 존재한다. 하지만
미국이라는 나라는 국민들 각자가 만들어낸 국가다. 그리고 그

국가는 그 사람들이 살고 있는 지역사회가 연합하여 만들어냈다. 따라서 미국의 예를 든다면 국가를 수호한다는 것은 지역사회를 지키는 것이며 가족을 지키고 자신을 지키는 것이다.

미국식으로 말한다면 모든 것은 지역사회에서 시작된다. 따라서 대통령선거전도, 프라이머리(primary)라고 불리는 예비선거도 모두 지역 중심으로 진행된다. 대통령 후보를 선택하는 이 구조는 선거전에 앞서 민주·공화 양당이 각각 후보자를 선발하는 선거인데 그 후보자에 대한 투표는 최소 단위인 경우에 세 집이나 네 집 단위로 실시된다.

그렇게 의사가 집계되어 지역사회의 의사가 되고 마을의 결정이 이루어져 지역 후보자가 된다. 일본에서는 선거를 할 때에 당본부가 후보자를 결정하여 지방에 출마시키지만 민주주의 원칙에서 본다면 있을 수 없는 일이다.

전쟁에 대해서도 자신의 마을을 지키고 지역사회를 지키는 것이 국가를 지키는 것과 연결된다. 그리고 자기자신을 위해 싸우는 것이 지역사회를 위한 싸움, 국가를 위한 싸움으로 확대된다.

일본인이 제2차 대전 이후에 달랑 가방 한 개를 손에 들고 전세계를 뛰어다닌 비즈니스 전쟁은 자신의 생활을 지키기 위한 전쟁, 가족을 위한, 친구와 회사를 위한 전투였다. 이런 전쟁에 일본인이 우수한 능력을 갖추고 있었기 때문에 제2차 대전 이후의 경제를 부흥시킬 수 있었던 것이다.

이런 점에서 보면, 키신저 박사가 말하듯이 메이지유신의 싸움도, 제2차 대전의 싸움도, 그리고 얼마 전의 경제전쟁도 DNA의 입장에서 보면 같은 싸움이었다. 하지만 경제전쟁에는 승리한 사람들이 지금 또 배신당한 기분을 느끼는 이유는 일본이라는 국가가 싸움에 참가한 사람들에게 개인적인 행복을 안겨주지 못했을 뿐 아니라 여전히 희생을 강요하고 있기 때문이 아닐까.

일본인들은 전력을 기울여 경제전쟁을 치렀다. 하지만 사람들이 만족할 수 있는 결과는 얻을 수 없었다. 일본인들이 이번에도 역시 의기소침한 상태에 빠져 있을 것이라고 생각하는 사람은 나뿐일까.

물론 경제전쟁의 결과가 만족스럽지 않다는 기분은 제2차 대전 때의 지도자에 대한 실망이나 반감과는 그 질이 다르기 때문에 비교할 것은 못 된다. 하지만 지금 내가 하고 싶은 말은 어떤 싸움을 하든 다시 싸움을 하기 전에는 국가라는 존재의 형태나 정치구조, 나아가 생활방식, 교육 등을 다시 한번 재정립시켜야 한다는 점이다. 제2차 대전 당시의 지도자들의 무책임에 대해 설명했는데 싸움을 시작할 때에는 싸우는 목표, 즉 무엇을 지키기 위해 싸우는 것인지 말뿐이 아니라 진정한 대의를 다시 한번 생각해야 한다.

이미 제4차 세계대전이 시작되었다 *3*

2002년 12월 18일, 백악관에서 워싱턴의 기자단을 초대하여 크리스마스 파티가 개최되었다.

천장까지 이르는 크리스마스 트리가 장식된 백악관의 로비와 이스트룸은 기자단으로 가득 찼는데 그곳에서 기자단과 인사를 나누며 악수를 하는 부시 대통령은 여느 때보다 훨씬 날카로운 느낌을 풍겼다.

미국은 이라크와의 전쟁에 모든 에너지를 투입하고 있었다. 백악관과 워싱턴도 전쟁분위기에 싸여 있고 그것이 부시 대통령의 표정에도 나타났을 것이다.

이라크에 대한 전쟁은 미국이 앞으로 전개하게 될 전쟁의 이른바 서막이다. 부시 대통령은 2001년 9월 11일의 동시다발테러사건 이후 "미국은 앞으로 테러리스트에 대한 기나긴 전쟁을 시작한다"고 선언하였고, 백악관의 수뇌들은 제4차 세계대전이 시작될 것이라고 예측했다.

제4차 세계대전이라고 하면 일반인들은 제1차, 제2차에 이어 제3차 세계대전이 아닌가 하고 의아해할 테지만 제3차 세계대전은 미국과 소련을 정점으로 20세기 후반의 40년에 걸쳐 계속된 냉전이다. 그 냉전이 1989년 베를린장벽이 붕괴되면서 막을 내렸는데 그 이후 13년이 지난 지금 제4차 세계대전이 시작되려 하고 있다.

이 제4차 세계대전은 미국을 비롯한 선진 제국과 테러리스트 국가나 조직 사이의 전쟁이다. 따라서 20세기에 벌어졌던 세 개의 대전과는 전쟁의 진행방식이 전혀 다르다.

이 점에 대해서는 앞에서 이미 설명했는데 일본에서는 냉전이 끝나고 평화로운 시대가 찾아왔다고 생각하는 사람이 많기 때문에 지금 세계에서 무슨 일이 일어나고 있는지 이해하지 못할 수도 있다.

부시 대통령은 가능하면 빨리 제4차 세계대전의 서막이라고 말할 수 있는 이라크와의 전쟁을 시작하려고 생각하고 있다. 하지만 미국 국내에도 다양한 사고방식이 존재한다. 전쟁은 벌이지 않는 쪽이 낫다고 생각하는 사람도 많이 있다. 그러나 이라크에 대한 전쟁이 제4차 세계대전의 서막으로서 시작되려 한다는 사실은 2002년의 워싱턴에서의 크리스마스 파티의 긴박한 분위기를 통해서도 쉽게 확인할 수 있다.

그리고 이 역시 이미 앞에서 설명했지만 제4차 세계대전의 2막은 북한의 김정일에 대한 공격으로 시작된다. 부시 정권의 젊은 스탭들 중에는 이라크전을 한두 달 만에 끝내고 북한의 핵 개발 시설이나 미사일기지를 선제 공격해야 한다는 의견이 강하다. 이 생각에는 부시 대통령도 찬성하고 있다고 한다.

내 친구인 저널리스트에 의하면 부시 대통령은 12월의 각료회의 석상에서 이렇게 말했다고 한다.

"김정일은 수백만 명의 국민을 굶어죽게 만들고 있다. 사담 후세인보다 더 나쁜 악당이다."

북한의 핵 시설이나 미사일 제조공장에 대한 기습폭격이 언제 실시될 것인지, 전술적인 결단에 대한 정보는 외부로는 새어나오기 어렵다. 하지만 정치적으로 판단하면 북한에 대한 미군의 본격적인 공격은 2004년의 대통령선거전에서 부시 대통령이 승리한 이후라고 보는 것이 타당할 것이다.

부시 정권은 2002년부터 3년에 걸쳐 이라크와 전쟁을 실시, 제4차 세계대전의 막을 올린다. 이것은 거의 확실하다고 여겨진다.

그후 2003년부터 4년에 걸쳐서는 사우디아라비아와 이라크, 이란의 정권을 과격파에서 온건파로 바꾸어 중동 전체를 미국의 수중에 넣는 정치공작을 실시한다. 북한에 대한 전쟁은 재선 이후, 즉 2005년이라고 예상할 수 있다.

김정일의 북한은 경제적으로 붕괴되고 있으며 2005년까지 버티지 못할 것이라는 관측도 있다. 어쩌면 미군이 움직이기 전에 막다른 골목에 몰린 김정일이 한국을 공격할지도 모른다. 이 부분에 있어서는 미국도 정보가 거의 없는 듯하다. 따라서 한반도에서는 당분간 긴박하고 불투명한 상황이 이어질 것이다.

제4차 세계대전은 미국과 중국 공산당 및 중국군과의 대결로 막을 내릴 것이다. 이 대립은 냉전 때와 마찬가지로 긴 세월 동안 이어질지도 모르고 중국 공산당이 파멸되거나 변질될 가능성도 있다. 부시 정권의 지도자는 약 2025년까지가 목표라고 생각하고 있다.

이런 시나리오가 21세기 전반의 제4차 세계대전의 조감도인데 또 한 가지 다른 전쟁이 있다. 일본의 낡은 금융체제와 미국의 이익을 대표하는 월가의 전쟁이다. 이 전쟁에서는 비행기나 미사일은 날아다니지 않는다. 전차도 달리지 않는다. 하지만 지금 세계 제2의 경제대국이 된 일본과 일본의 이익이 모두 걸린 전쟁이 될 것이다. 이 전쟁의 내용은 너무 전문적이기 때문에 한마디로 설명하기 어렵다. 하지만 일본의 입장에서 단적으로 말한다면 일본의 경제이익을 미국의 시스템에서 지키는 전쟁이라고 표현할 수 있다.

일본이 이 전쟁에서 승리하려면 20세기 후반 일본이 표방한 평화주의를 버려야 한다. 싸우지 않고는 자신의 이익을 지켜낼 수 없다. 일본은 평화주의를 대신할 수 있는 어떤 이념을 가지고 어떻게 싸울 것인지, 국가전략과 국민의 통일된 의사를 먼저 만들어야 한다.

그렇다면 결론을 내려보자. 제4차 세계대전이 시작된 이후에 일본이 국가로서의 이익을 지켜내고 안전을 유지하기 위해 알아두어야 할 최소한의 정보와 전략에 대해 정리해보기로 한다.

우선, 이라크전에 대해서는 다음과 같은 점에 주목해야 한다. 이라크에 대한 미국의 이번 전쟁은 중동 전역을 미국의 영향 아래에 두는 것이 목적이다. 따라서 유럽이 이 전쟁을 '석유전략'이라고 표현한 것은 틀린 것이 아니다. 중동은 이미 언급했듯이 제1차 대전 이후에 아랍국가들의 독립을 배경으로 영국과 프랑스가 그 이권의 대부분을 움켜쥐었다. 즉, 20세기 초 중동의 석유는 영국과 프랑스의 손안에 있었다.

그후 제2차 대전이 시작되었는데 결국 1960년이 되어 핵무기를 배경으로 한 소련이 아랍의 민족주의를 이용하여 중동의 이권을 장악했다. 이번 미국의 움직임은 냉전에서 승리를 거두고 소련을 제압한 미국이 그 여력을 사용하여 중동 전역을 지배하려는 의도에서 나온 것으로 어떻게 보면 당연한 행동이다. 이 이라크 전쟁에 대해 독일과 프랑스가 맹렬하게 반대하는 이유는 자기들의 이익을 미국이 모두 장악하려는 데 대한 반감이다.

이 중동문제에 대해 일본의 매스컴은 유럽 제국, 특히 독일과 프랑스의 움직임을 주목하고 있는데 이라크전에 대해서는 미국과 유럽 제국의 이해관계의 대립이 존재하며 거기에서 여러 가지 잡음이 발생하고 있다는 사실을 냉정하게 간파해야 한다. 미국이 중동을 힘으로 제압하려 하면 일본은 당연히 미국과 보조를 맞추어야 한다. 또 쓸데없이 평화주의를 내세우거나 미국에 대한 단순한 반감이나 유럽에 대한 친근감에서 행동을 그르치지 말아야 한다.

제2막에 해당하는 북한과의 전쟁을 살펴보면, 부시 정권이 재선된다면 반드시 김정일을 파괴시킬 것이다. 일본에서는 여전히 북한에 대한 동정이나 지금까지의 경위에 의해 약한 마음을 가지고 있다. 특히 제2차 대전 이전의 한국통일에 대한 죄의식이 북한에 대한 일본인의 정책에 짙게 반영되어 있는데 그런 생각이나 의식을 이용하고 있는 비열한 정치가가 여론을 유도하려 하고 있다는 사실을 잊지 말아야 한다. 21세기의 새로운 역학관계가 한반도를 둘러싸고 완성되고 있다는 것이 국제사회의 현실이다.

미국은 중동에서이든 한반도에서이든 러시아가 나설지도 모른다는 생각은 전혀 하지 않는다. 중국은 미국을 상대하기에는 역부족이라고 부시 정권은 생각하고 있다. 부시 정권의 수뇌는 미국 외교의 기본인 정의의 원칙에 근거하여 북한에 대한 외교를 전개하고 김정일을 처리하려 하고 있다. 부시 정권에서 북한에 대한 정책을 결정하는 최고 간부 중의 한 명인 존 볼튼 국무차관은 내게 이렇게 말했다.

"북한측에서는 외무부 차관이 나와 켈리 국무차관보에게 핵무기를 개발하고 있다고 인정하면서 가장 무서운 무기를 만들고 있다고 말했지만 북한 쪽의 속셈은 그런 개발을 포기하면 무엇을 줄 것인가 하는 질문이었을 것입니다. 하지만 우리는 아무것도 줄 생각이 없습니다."

클린턴 정권은 북한의 핵 개발이나 미사일 개발을 포기하게 하기 위해 상당한 원조를 했다. 그러나 부시 정권은 그런 거래에는 흥미가 전혀 없다. 텍사스식 사고방식은 단순하고 명쾌하다.

"독재자이며 국민을 굶어죽게 만들고 있는 김정일이 핵무기를 보유하면 주변 제국들뿐 아니라 세계의 안전에 상당한 위협이 된다. 미국은 가지고 있는 힘을 모두 사용하여 김정일을 공격해야 한다."

일본은 이런 직접적인 사고방식을 가지고 있는 부시 정권과 하나가 되어 독재자 김정일과 싸울 것인지, 아니면 지금까지의 관계성에서 애매한 입장을 취할 것인지 결정해야 한다. 애매한 입장을 취하는 경우에는 부시 정권과 적대하게 된다.

앞으로 발생할 일은 명확하다. 부시 정권은 볼튼 국무차관의 말처럼 '악당' 과는 거래하지 않는다. 김정일과 협상할 여지는 없다고 생각하고 있다. 궁지에 몰린 김정일은 미국에 직접공격을 가하거나 주한미군에게 전쟁을 거는 행동은 취하기 어렵다. 그렇다면 남은 것은 한국과 일본에 대해 위협을 하거나 실제로 미사일공격을 감행하는 것뿐이다.

이대로 가면 김정일은 독가스를 탑재한 대포동미사일을 도쿄로 날려보낼 가능성이 있다. 그럴 경우 일본은 김정일과 싸우는 것 이외에 선택할 여지가 없을 것이다. 김정일의 미사일을 대하고 그저 도망만 다닌다면 세계인들은 일본을 독립국가로 인정하지 않을 것이다. 이미 일본과 북한 사이에서 큰 문제가 되고 있는 일본인 납치문제에 대해서도 일본인은 독자적인 입장에서 싸워야 한다. 테러리스트와 싸우는 것은 미국이 냉전 이후에 만들어낸 동맹체제의 일원이 되는 것이기도 하다.

지금까지의 미일안보조약에서의 일본의 입장은 사라졌다. 일본은 스스로의 힘으로 김정일의 공작원 침입이나 대포동미사일

공격에 맞서 싸워야 한다. 일본의 평화주의가 테러리스트와의 대결에는 전혀 도움이 되지 않는다는 것은 명백한 사실이다.

제4차 세계대전의 3막이라고 말할 수 있는 미국과 중국 공산당의 대립에 있어서는 일본과 일본인이 어떻게 대처해야 할까. 소련공산주의가 냉전에 의해 붕괴된 이후, 지금도 중국 공산당이 생명을 유지하고 있는 이유는 미국이 중국의 시장을 혼란시키고 싶지 않다고 생각하고 있기 때문이다. 이 점을 분명하게 인식해야 할 필요가 있다.

하지만 미국의 이런 대응은 일시적인 것이며 민주주의의 원칙을 중시하고 개인주의적인 신조를 기본으로 삼고 있는 미국이 중국 공산당과 계속 타협만 할 리는 없다. 물론 부시 정권 이후에 다시 클린턴 정권 같은 타협과 부패의 정권이 등장하는 경우에는 중국 공산당과 미국의 일시적인 우호상태가 예상보다 길어질지도 모른다.

하지만 중국의 공산주의와 미국이 오랜 세월 동안 공존하는 것은 불가능한 일이다. 더구나 중국은 또 한 가시 어려운 문제를 끌어안고 있다. 나는 중국전문가는 아니지만 중국의 역사를 살펴보면 알 수 있듯이 중국 국민은 매우 배타적이고 자기중심적이다. 중국 및 중국의 이런 특성, 키신저 박사에 의하면 민족의 DNA가 국제화사회에서 어느 정도나 억제될지 예측하기 어렵다.

그러나 역사를 감안한다면 중국인들과 미국은 앞으로 수십 년 안에 충돌할 것이 틀림없다. 엄청나게 빠른 경제성장에서 비롯되는 중국인들의 자부심과 긍지가 미국과의 충돌 코스를 밟을 것은 거의 확실하다.

메이지유신 이후에 짧은 기간에 아시아의 대국이 된 일본은 미국과 충돌하여 패배했다. 역사적 필연성을 생각한다면 중국은 이윽고 미국과 충돌할 것이다. 일본인은 일본의 장래를 생각할 때, 이 문제를 충분히 분석하고 통찰해야 할 필요가 있다. 평화주의라는 이름 아래에서 타협만 하고 있어서는 일본의 존재조차 위험해진다.

이상과 같이 일본의 주변국가에서 발생할 수 있는 몇 가지 문제를 고찰해보는 것만으로도 일본인들은 싸우는 자세로 국제사회와 경쟁을 해야 한다는 점이 분명해진다.

20세기 후반의 50년 동안 일본인들은 비즈니스 전쟁만이 살기 위해 필요한 전쟁이라고 생각해 왔다. 냉전이 끝났을 때에는 '평화로운 시대가 찾아왔다'는 착각에 빠졌다. 하지만 지금이야말로 전쟁 이외에는 일본의 존재나 장래가 있을 수 없다는 냉엄한 상황에 이르러 있다는 사실을 자각하지 않으면 안 된다.

옮기고 나서

"재미있는 책이다."

이 책을 번역하면서 느낀 감정이다.

"무서운 책이다."

번역을 끝낸 뒤에 느낀 감정이다.

번역을 하는 과정에서 역시 NHK워싱턴 특파원과 지국장, 뉴욕 지국장을 시낸 저자인 만큼 기시적인 안목으로 세계 정세를 분석하고 미국이라는 국가의 정체성을 해설하는 지식이 상당하다는 점에서 저자의 뛰어난 분석능력과 정치 · 경제 · 군사분야를 두루 섭렵하는 해박한 사고에 재미와 흥미를 느낄 수 있었다.

그러나 번역을 끝낸 뒤에 느낀 감정은 단순히 저자에 대한 이해나 미국의 정체성보다는 오히려 일본이라는 나라의 정체성과 일본인의 진정한 모습이 무엇인지 가슴에 와닿는 것 같은 실감과 그에 대한 두려움이었다.

번역을 진행하는 과정에서 우리 나라의 대통령이 일본을 방문했고 일본에서는 그날 '유사법제'가 통과되었다. 유사법제는 이른바 전쟁을 할 수 있는 권리라고 말할 수 있다. 지금까지 50여 년 동안 침묵을 지키며 평화주의를 내걸었던 일본이(속내용은 어떻든 표면적으로는) 느닷없이(어떤 면에서는 늘 예견된 일이었지만) '유사법제'를 통과한 문제를 놓고 우리 나라를 비롯한 주변국에서는 새로운 일본의 등장에 심각한 우려를 표명했다. 그리고 한편으로는 왜 일본이 굳이 이 시점, 미국과 이라크의 전쟁이 끝난 시점에 그런 법을 통과시켰는지 의아해하기도 했다. 그런데 이 책을 번역한 뒤에 그 근본적 이유를 어느 정도 짐작할 수 있게 되었다.

물론 이 책에서는 자국을 수호하기 위한 어쩔 수 없는 선택이 군사력이고 전쟁이라고 설명하고 있지만 그 배후에 무엇이 존재하는지 나름대로 짐작할 수 있기 때문이었다. 그런 내용을 굳이 여기에서 밝힐 생각은 없지만 어쨌든 두려움이 느껴지는 것은 사실이다.

이 책에서는 몇 가지 중요한 사실을 제시하고 있다.

첫째, 미국은 반드시 이라크와의 전쟁을 치를 것이라는 사실이다. 이것은 이 책이 발간된 이후에 사실로 드러났다.

둘째, 중국의 현재 상황과 중국에 대한 미국의 사고, 대처방법이다. 우리가 일반적으로 알고 있는 지식과는 상이한 점이 몇 가지 등장하는데 매우 흥미로운 내용이다.

셋째, 미국 경제의 전반적인 흐름과 경제침체에도 불구하고 강한 달러정책을 내세우고 있는 미국의 경제전략에 대한 설명이다.

넷째, 북한에 대한 부시 정권의 사고와 그에 대한 일본의 대응방법 제시다.

다섯째, 군사력의 필요성과 앞으로 바뀌게 될 세계 군사지도다.

이 밖에도 다양한 의견이 제시되고 있지만 나는 위의 다섯 가지 사항이 매우 중요한 의미를 지니고 있다고 생각한다.

일본 수상의 야스쿠니신사 참배, 자위대의 공격권 획득을 위한 일본의 노력과 유사법제, 강수에는 강수로 대항해야 한다고 주장하는 일본 정부의 일부 관료들. 우리는 그런 뉴스를 접할 때마다 단편적인 내용일 뿐이라고 받아들이는 경우가 많이 있다. 그러나 이 책은 일본에서 왜 그런 일들이 발생하고 있는지, 주변국들의 반대에도 불구하고 왜 군이 국가간의 감정을 그르치고 심각한 우려를 발생시키는 그런 행동을 하는 것인지 기본적인 원인을 설명하고 있다.

이 책의 내용은 우리의 코드가 맞지 않는 부분이 많이 있다. 마지막 장의 주장이나 설명에는 쓴웃음이 나오기도 한다. 하지만 일본이라는 나라를 이해하는 데, 또한 미국이라는 나라를 이해하는 데 나름대로 상당한 가치가 있는 책이라고 말할 수 있다. 그 설명이 우리의 생각과는 동떨어진 것이라 해도, 또는 마음에 들지 않는 것이라 해도 세계 정세를 파악하는 데는 한쪽의 내용에 치중하는 것보다는 양쪽의 내용을 모두 섭렵하는 쪽이 훨씬 더 도움이 될 것이다.

현대 사회를 살아가는 우리의 입장에서 볼 때 반드시 읽어보고, 참고해야 할 부분이 있다면 참고하고 비평해야 할 부분이 있다면 비평과 동시에 대비하는 자세를 갖추어야 할 것이다.

사실, 번역을 하면서 나름대로 삭제하고 싶은 부분이 꽤 많이 있었지만 저자의 의도를 그대로 전하고 싶었고 또한 이런 견해도 있다는 것을 독자 여러분들께 그대로 전하고 싶은 마음에 거의 손을 대지 않았다. 이 점, 독자 여러분들의 너그러운 양해를 구한다.

2003년 6월
옮긴이 이정환

피할 수 없는 전쟁

이라크전쟁 이후 미국의 세계지배전략

초판 인쇄 2003년 7월 5일 / 초판 발행 2003년 7월 10일
지은이 히다카 요시키 / 옮긴이 이정환
펴낸이 홍석 / 편집진행 전소현 / 디자인 김정은 / 마케팅 양정수 · 김명희 · 김준경
펴낸곳 도서출판 풀빛 / 등록 1979년 3월 6일 제 8−24호
주소 120−193 서울특별시 서대문구 북아현3동 177−5
전화 02−363−5995(영업), 02−362−8900(편집) 팩스 02−393−3858
homepage www.pulbit.co.kr
값 9,500원 / ISBN 89-7474-888-6 03340